改革热点大聚焦

GAIGE REDIAN DAJUJIAO

《改革热点大聚焦》编写组 ◎ 编

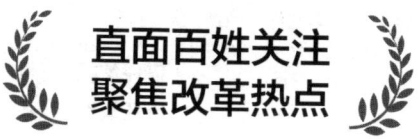

直面百姓关注
聚焦改革热点

新华出版社

图书在版编目（CIP）数据

改革热点大聚焦/《改革热点大聚焦》编写组编.
-- 北京：新华出版社，2016.10（2025.3重印）
ISBN 978-7-5166-2805-8

Ⅰ.①改… Ⅱ.①改… Ⅲ.①体制改革-研究-中国
Ⅳ.①D61

中国版本图书馆CIP数据核字(2016)第218452号

改革热点大聚焦

编　　者：《改革热点大聚焦》编写组	
选题策划：赵怀志	责任编辑：石春凤　徐文贤
责任印制：廖成华	责任校对：刘保利
封面设计：臻美书装	

出版发行：新华出版社	
地　　址：北京石景山区京原路8号	邮　　编：100040
网　　址：http://www.xinhuapub.com	http://press.xinhuanet.com
经　　销：新华书店	
购书热线：010-63077122	中国新闻书店购书热线：010-63072012
照　　排：臻美书装	
印　　刷：大厂回族自治县众邦印务有限公司	
成品尺寸：170mm×240mm	
印　　张：15	字　　数：160千字
版　　次：2016年10月第一版	印　　次：2025年3月第二次印刷
书　　号：ISBN 978-7-5166-2805-8	
定　　价：29.00元	

版权专有，侵权必究。如有质量问题，请与出版社联系调换：010-63077101

出版说明

为了满足当前广大干部群众亟须了解改革热点的需求，我们在认真调研的基础上，围绕供给侧结构性改革、行业协会商会与行政机关脱钩、全面推进政务公开、国有资产管理体制改革、公立医院综合改革、国企十项改革、简政放权、农村改革、科技体制改革、司法体制改革等改革热点，精选新华社播发的系列相关稿件，再编辑深加工，策划出版了这本通俗理论读本。该书密切联系经济社会发展实际，释疑解惑，提出问题，分析问题，并探讨了解决问题的方法与途径。观点准确，文风朴实，图文并茂，可读性强，适合广大干部群众参考阅读。

目录 CONTENTS

1. 打赢供给侧结构性改革这场硬仗 ……………… 1
——聚焦经济结构性改革

"供给侧结构性改革"释放经济发展新信号 …………… 3
——经济结构性改革系列述评之一

打赢供给侧结构性改革这场硬仗 ……………………… 8
——中国（海南）改革发展研究院院长迟福林谈供给侧结构性改革

延伸阅读 >>>>>>>

"新供给""新含量""新枢纽"成就"未来之城" ……… 13
——深圳供给侧改革"三字新经"彰显成效

2. 让简政放权带给百姓更多"获得感" ········· 17
——聚焦简政放权

"三证合一"改革破冰带来哪些启示？·········· 19
"放管结合"还需迈过几道坎？·················· 25
让简政放权带给百姓更多"获得感"·············· 32
简政放权不能一放了之·························· 38

延伸阅读 >>>>>>>>

万丈高楼从哪儿起？···························· 41
——由建筑业透视行政审批权压缩空间

3. 清理"红顶中介"关键在于严控权力"出笼" ····· 47
——聚焦行业协会商会与行政机关脱钩

中办国办发文提出实现行业协会商会与行政机关脱钩····· 49
民政部有关负责人解读
　《行业协会商会与行政机关脱钩总体方案》········ 51
15条"干货"看懂行业协会商会与行政机关脱钩······ 55
"红顶中介"摘帽进行时·························· 59
——解析行业协会商会与行政机关脱钩

清理"红顶中介"关键在于严控权力"出笼"········ 64
根除行政思想是红顶中介摘帽的关键················ 66

延伸阅读 >>>>>>>>

"红顶中介"高收费　工程验收看"货源"·········· 68
——揭秘城市地下停车场建设中的腐败

4. "晒权力"打造法治政府 ················ 73
——聚焦全面推进政务公开

"晒权力"打造法治政府"公众参与"促有效施政 ········ 75
——透视全面推进政务公开

让群众看得到、听得懂、能监督 ················ 81
——全面推进政务公开10条"干货"

中央再提"政务公开"地方还需哪些"配套"? ········ 83

政务公开莫成"熟悉的陌生人" ················ 87

延伸阅读 >>>>>>>

一些网站日访问量只有个位数 ················ 89
——部分基层政府"僵尸网站"调查

5. 以市场化改革做强做优做大"全民财富" ········ 95
——聚焦国企十项改革试点

国企十项改革试点落实计划首度披露
    2016年深化国企改革将抓好"九项重点任务" ········ 97

三部委详解十项改革试点:试什么?谁来试?怎么试? ···· 99

八问国企改革:董事会能否告别"有形无神"? ········ 105

延伸阅读 >>>>>>>

24家央企上市公司高层薪酬比2014年减少1700万元 ···· 113
——国企薪酬改革调查

6. 管资本抓住了改革的"牛鼻子" ················ 119
——聚焦国有资产管理体制改革

我国启动新一轮改革"管好"国有资产················ 121

权威访谈：管资本抓住了改革的"牛鼻子"·············· 123
——财政部部长楼继伟谈国有资产管理体制改革

拿什么管好巨额国有资本························ 128
——三问国资管理改革意见

延伸阅读 >>>>>>>>

国有资本投资运营公司开始布局···················· 133

7. 让医改红利更多惠及人民群众 137
——聚焦城市公立医院综合改革

城市公立医院综合改革试点2017年全面推开
　　个人卫生支出降至30%以下 ···················· 139

公立医院改革　患者能得啥实惠？·················· 141
——城市公立医院综合改革试点指导意见三大看点

"硬骨头"这么啃！····························· 145
——2016年医改四大看点

公立医院改革急需一把"公益标尺"·················· 150

延伸阅读 >>>>>>>>

公立医院改革怎样突破四道难关？·················· 152
——对话泰达国际心血管病医院院长刘晓程

8. 奋力开创"三农"工作新局面 ······ **157**
——聚焦农村改革新举措

中办国办出台文件聚焦五大领域深化农村改革 ······ **159**

做顶层设计　立四梁八柱 ······ **161**
——透视农村改革方案五大看点

推进农村改革发展要以"稳"为基础 ······ **166**
——学习贯彻习近平总书记在农村改革座谈会上重要讲话精神之二

推进农村改革发展要以"改"为动力 ······ **168**
——学习贯彻习近平总书记在农村改革座谈会上重要讲话精神之三

推进农村改革发展要以"进"为目的 ······ **171**
——学习贯彻习近平总书记在农村改革座谈会上重要讲话精神之四

农村改革要牢牢守住"四个不能"底线 ······ **174**

延伸阅读 >>>>>>>

支持农业　发展农村　富裕农民 ······ **179**
——专访中央农村工作领导小组副组长、办公室主任陈锡文

9. 让智力有价　为科研松绑 ······ **183**
——聚焦深化科技体制改革

中办、国办公布深化科技体制改革实施方案
　　整体推进科改落地 ······ **185**

30年，深化科改再出发 ······ **187**
——科技部就深化科技体制改革实施方案出台答新华社记者问

对症下药，向落实要改革"红利" ······ **191**
——深化科技体制改革实施方案亮点透视

延伸阅读 >>>>>>>>

科研人员"下海"创业　3年内保留人事关系
　　既打气又喂定心丸……………………………………… 196
　　——解析国务院常务会议推动科技成果转化五项"重磅"举措

10. 让公平正义的阳光更好照进百姓心田 …………… 201
　　——聚焦司法体制改革
司改与"我" ………………………………………………… 203
　　——聊聊保障公民权利的那些细节
"我"的角色 ………………………………………………… 206
　　——上海宝山区检察院访谈记
让公平正义的阳光更好照进百姓心田 …………………… 211
　　——司法体制改革进程不断深入改革措施"落地生根"

延伸阅读 >>>>>>>>

让公平正义的阳光普照 …………………………………… 217
　　——十八大以来司法体制改革述评

后　记 ……………………………………………………… 226

1. 打赢供给侧结构性改革这场硬仗

——聚焦经济结构性改革

中国经济发展正处于关键阶段，需要我们持续努力把供给侧结构性改革做好，同时继续适度扩大总需求，使得中国经济在优化结构中实现转型升级、良性循环，增强发展的可持续性，推动中国社会生产力水平实现整体跃升。

"供给侧结构性改革"释放经济发展新信号

——经济结构性改革系列述评之一

习近平总书记在中央财经领导小组第十一次会议上强调，在适度扩大总需求的同时，着力加强供给侧结构性改革。

从需求侧出发分析经济增长的"三驾马车"理论大家耳熟能详，那么何为"供给侧"？为什么在这个时候强调"供给侧结构性改革"？这对中国经济意味着什么？

信号一：在供给侧上做文章意在推动经济长期可持续发展

投资、消费、出口——拉动经济增长的"三驾马车"，从经济学角度看属于"需求侧"的三大需求，与之对应的是"供

大家熟悉的通过扩大投资、鼓励消费等方式扩大需求，从而拉动经济增长，这在经济学上属于需求侧管理。而供给侧管理重在通过鼓励企业创新、促进淘汰落后、降低税费负担等方式，推动经济发展。

——北京大学国民经济核算研究中心研究员 蔡志洲

给侧",也就是生产要素的供给和有效利用。

对于中国这样的发展中大国而言,既要有眼前经济的稳定增长,又要考虑到长远的可持续发展。宏观政策在需求侧还是在供给侧上做文章,不是非此即彼,只是有所侧重。

以前常讲的"三驾马车",是从经济运行的结果出发的,便于宏观调控进行短期的逆周期调节。这次强调供给侧是从经济运行的源头入手,从产业、企业角度观察认识问题,更加突出长远的转型升级。

——中国国际经济交流中心信息部副部长　王军

结合中国经济运行和宏观调控的实践可以看出,供给侧管理其实以前也在做,比如淘汰落后产能、减轻企业税负等,只是现在这方面工作的紧迫性重要性大大提升。未来适度扩大总需求的工作也还要做,投资方面还有社会领域、公共服务领域等的投资不足,消费方面还有中低收入群体的消费需求有待进

在适度扩大总需求的同时,着力加强供给侧结构性改革,这样的提法既抓住了当前问题的重点,又是全面均衡的。可以预期未来经济工作的侧重点、发力点有所变化,将更加注重长远可持续发展。

——中国国际经济交流中心信息部副部长　王军

一步扩大，出口方面还有服务贸易出口仍有很大潜力，扩大内需也大有潜力。

信号二："靶心"对准新常态下经济新的突出矛盾

无论是注重扩大需求的凯恩斯主义，还是强调供给侧管理的供给学派，对中国宏观调控和经济决策的实践而言，都不是纯粹的经济学学理问题，而是要结合中国基本国情和发展阶段，解决经济运行中的突出问题。

> 进入新常态的中国经济，面临一系列新的突出矛盾和问题。表象上是速度问题，根子上看是结构问题。抓住供给侧做文章，是中国经济进入发展新阶段的必然选择。
>
> ——中国（海南）改革发展研究院院长　迟福林

经过改革开放30多年的飞速发展，中国不仅成为世界第二大经济体，而且进入了中等偏上收入国家行列。然而，新的问题随之而来，在长期形成的粗放式发展惯性作用下，一些重化工行业和一般制造业形成了严重的产能过剩，不仅加大了经济下行压力，而且成为突破"中等收入陷阱"过程中的重负。此外，在环境保护、资源节约、公共服务、社会公平等领域，也存在着很多短板。

世界各国的经济发展史证明，在从中等偏上收入国家向高

源头入手　　　　　　　　新华社发　徐骏　作

收入国家迈进的时候，恰恰是产业结构变化最剧烈的时候。中国经济如今面临的最突出矛盾不是总量矛盾，而是结构问题，加强供给侧结构性改革恰逢其时，未来可以大有作为。

中央财经领导小组第十一次会议提出，要促进过剩产能有效化解，促进产业优化重组。要降低成本，帮助企业保持竞争优势。

"中央决策坚持问题导向，从生产供给端入手，创造新供给，满足新需求，打造经济发展的新动力。"迟福林分析，中国进入中等偏上收入水平国家后，需求增长总体比较平稳但出现了新升级，产业结构要跟上来，现代服务业和高端制造业要加快发展，而产能严重过剩行业要加快出清，这样才能形成新的核心竞争力。

信号三：更多力促经济转型升级的改革举措将发力

在供给学派理论中，研究的多是"供给侧管理"。然而，这次强调的是"供给侧结构性改革"。宽泛意义上的"管理"被"结构性改革"取代，指向非常鲜明。

"这次强调的是在供给侧用结构性改革做大文章。"迟福林指出，中国经济长期积累的结构性矛盾相当突出，问题方方面面，但核心是体制机制问题，要着力通过供给侧结构性改革破解矛盾。

迟福林举例说，中国服务业发展之所以相对滞后，根本原因在于，长期以来税收、土地、资源价格等相关机制都是注重鼓励工业发展的，服务业发展的成本较高，而且金融、养老、医疗、教育等服务业发展还面临市场准入方面的障碍，存在玻璃门、弹簧门。下一步要通过放开市场准入、减轻税负等结构性改革措施，鼓励服务业特别是现代服务业大发展。

中央财经领导小组第十一次会议提出，要加大力度推动重点领域改革落地，加快推进对经济增长有重大牵引作用的国有企业、财税体制、金融体制等改革。

"供给侧结构性改革的任务很重。"蔡志洲说，要通过供给侧结构性改革搞活微观，增强企业竞争力；减轻企业税费负担，让企业轻装上阵；降低企业融资成本，增强金融对实体经济的支撑能力；进一步简政放权，助力创业创新。

中国经济发展正处于关键阶段，需要我们持续努力把供给侧结构性改革做好，同时继续适度扩大总需求，使得中国经济在优化结构中实现转型升级、良性循环，增强发展的可持续性，推动中国社会生产力水平实现整体跃升。

打赢供给侧结构性改革这场硬仗

——中国（海南）改革发展研究院院长迟福林谈供给侧结构性改革

推进供给侧结构性改革，是党中央综合研判世界经济形势和我国经济发展新常态作出的重大决策。如何打赢供给侧结构性改革这场硬仗？记者日前专访了中国（海南）改革发展研究院院长迟福林。

经济转型面临结构性矛盾掣肘

问：未来五年，围绕实现全面建成小康社会目标，推动中国经济转型升级，当前面临的突出矛盾和问题是什么？

答：当前我国经济转型面临着结构性矛盾掣肘，这决定了"十三五"期间是我国供给侧结构性改革的攻坚期。

我国经济运行面临的突出问题是供给结构与需求结构不相适应，需求引导供给的作用没有得到充分发挥，供给释放需求的作用没有得到有效利用。

随着消费结构向多样化、高端化、服务化的需求升级，原有的供给结构已不适应市场需求结构的变化，供给过剩与供给不足的矛盾并存。若再用以往扩大投资的办法化解供需矛盾，投资的边际效应就会明显递减，对经济增长的拉动作用也将趋于减弱，还会使经济矛盾和问题后延，更重要的是错过化解风险的最佳时期，使潜在风险进一步积累。

为此，要在适度扩大总需求的同时，着力加大供给侧结构性改革的力度，以提高供给体系质量和效率，提高投资有效性，加快培育新的发展动能，改造提升传统比较优势，增强经济持续增长的新动力。

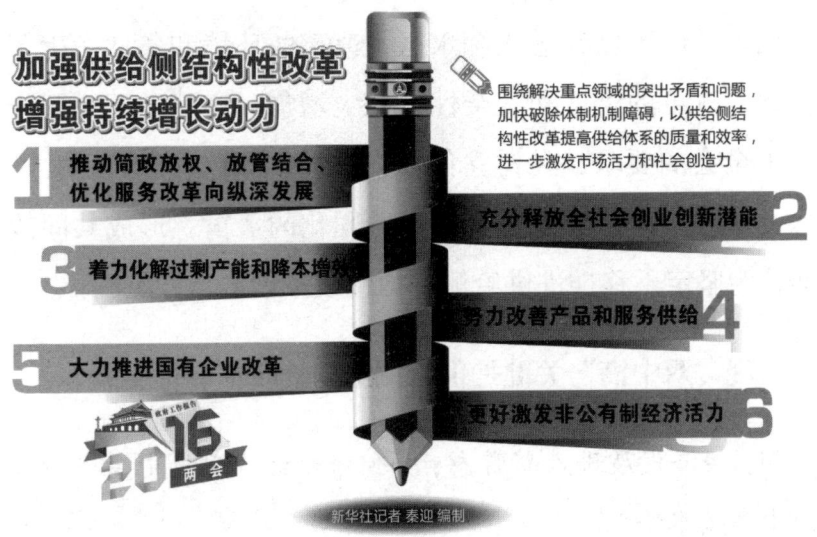

问：如何破解经济转型面临的结构性矛盾？

答：面对经济转型的结构性矛盾，需要以更大的决心和魄力攻坚供给侧结构性改革，闯出一条以结构性改革化解结构性矛盾的新路子。

在我国经济转型时期，结构性改革有其特定的时代内涵：以结构性调整为重点任务，以提高全要素生产率为基本目标，以制度创新为重大举措。从现实情况看，我国经济转型的矛盾与挑战主要是结构性问题：不仅需要结构调整，更需要结构性改革；不仅需要政策调整，更需要相应的制度变革；不仅需要适度扩大总需求，更需要供给侧结构性改革。

要以供给侧结构性改革为重点全面深化改革。十八届三中全会对全面深化改革作出了总体部署。从这两年改革的实际进展看，有些领域的改革进展较快，并且有实质性突破，但有些领域的改革滞后，甚至出现了改革"打滑、空转"的现象。

当前，改革已经进入深水区，改革的环境和条件发生了重大变化，改革的难度和复杂性也大大增加。这就需要按照十八届五中全会的要求，在树立创新、协调、绿色、开放、共享的理念上进一步解放思想，突破利益固化的藩篱，形成共同改革行动，为坚定不移推进供给侧结构性改革创造良好氛围。

实现"双中高"关键是供给侧结构性改革取得突破

问：经济发展进入新常态，如何推动经济保持中高速增长、迈向中高端水平？

答：随着我国经济发展进入新常态，经济下行压力加大是个客观趋势。推动经济保持中高速增长、迈向中高端水平，实现全面建成小康社会目标，关键是供给侧结构性改革要取得突破。

去年中央经济工作会议提出，抓好去产能、去库存、去杠杆、降成本、补短板五大任务。应该看到,经济转型升级的大趋势为解决以往的结构性矛盾和问题,如国企改革等,预留了空间,也提供了重要机遇,使得五大任务的推进具备了有利条件。

供给侧结构性改革五大任务的推进最终要落在"改革"二字上来。

去产能,重点是促进产业优化重组,以有效化解过剩产能。这就需要通过行政审批制度改革、要素市场化改革、财税体制改革、金融体制改革等,理顺诱发产能过剩的相关体制机制,逐渐消除产能过剩的制度性因素。

去库存,重点是逐步消化过高的房产库存,不能再把过度发展房地产作为保GDP增长、保地方财政收入的手段。这就需要以市场手段优化资源配置的同时,深化户籍制度改革,全面实施居住证制度,并通过制度调整创新,让进城的农民工租得起房、买得起房。

去杠杆,就是不能再用加杠杆的办法刺激经济增长。高杠杆必然带来高风险,这就需要处理短期与中长期的关系,不为短期保增长而为中长期留下更大隐患,尤其要守住不发生系统性风险的底线。

降成本,减少制度性交易成本极为重要。在经济下行压力增大的背景下,尽管数量型的放权有作用,并仍有一定空间,但其作用越来越有限。对企业而言,"含金量高"的放权至关重要,把企业总体税费降下来的同时,关键是要降低企业设立、企业投资中的制度成本,让企业"轻装上阵"。

补短板，核心是科技创新，以科技革命和产业变革促进经济转型，不断创造供给能力，形成发展的新动能。

总而言之，我国经济转型正处在历史关节点：短期面临突出矛盾和问题，甚至是比较严重的问题；但中长期的发展机遇和市场空间依然看好。在经济增长转型改革高度融合的大背景下，经济发展不仅要缓解历史积累的某些矛盾和问题，更在于准确把握好经济转型升级的大趋势，打赢以经济转型为主线的供给侧结构性改革的硬仗。

延伸阅读

"新供给""新含量""新枢纽"
成就"未来之城"

——深圳供给侧改革"三字新经"彰显成效

这是一个全新的历史起点：全社会研发投入占GDP比重达4.05%，战略性新兴产业对GDP增长贡献率超过50%，率先实现创新驱动。

这是一组意味深长的数据：研制国际国内标准4212项；支持企业、科研机构在全球建成250多家研发中心。

经济观察人士认为，深圳已形成以创新引领为鲜明特征的供给侧新优势。站上新起点，这个改革开放前沿阵地向世界敞开怀抱，发展"新供给"、提升"新含量"、变身"新枢纽"，呈现"未来之城"气象。

创新供给、服务方式发展"新供给"激活需求

2014年春夏之交，深圳外贸服务企业一达通突然宣布基础服务免费，中小企业通过该公司出口商品，不仅可获得基于网商信用的无抵押贷款，而且每1美元有最高3分的人民币补贴。

不久前，一达通宣布，上一财年出口额突破150亿美元，增长超过150%。

一达通公司副总经理肖锋表示，秘诀在于其针对中小外贸企业融资等关键性难题，提供基于互联网的一站式解决方案，激活了原本疲弱的需求。

经济低谷期如何打败需求疲弱？类似的"深圳新解法"还有很多。传音科技针对非洲消费者需求，设计具有防汗防摔功能的手机，占据40%以上市场；影儿时尚通过"私人定制"创牌，成为中国女装文化的代表；优必选推出可交互人形机器人Alpha2，用户可通过简单编程自定义功能，奠定细分市场领先地位。

"精准定位需求，创新业态、创新产品、创新服务，这是深圳'新供给'的核心要义。"深圳市政府政研室主任吴思康说。

提高供给体系技术能级以"新含量"创造市场

南山科技园，柔宇科技厚度仅0.01毫米的全球最薄柔性显示屏在风中"翩翩起舞"；龙岗阿波罗基地，集通信、大数据、互联网接入于一体的空中云平台光启"云端号"缓缓升空……

在这幅充满未来感的画面背后，是多年来深圳提高供给体系技术能级的努力：50%以上财政科技类支出投入重大科技攻关项目，每年组织实施100项以上重大攻关；引进一批国际一流创新团队，组建45个产学研资用联盟，培育78个创客服务机构、144家创业孵化器；建成70家集科学发现、技术发明、产业发展于一体的新型研发机构，1283家国家、省、市级重点实验室等创新载体。

只有前沿、颠覆性技术，才能缔造市场"杀手锏"。平板电视市场竞争激烈，深圳光峰光电公司成功解决激光不发散、热量高、散斑等三大难题，推出"打通电视、电影播放介质"、100%靠反射成像的激光电视。公司创始人李屹说："与传统激光技术比，光峰激光显示成本至少降低一个数量级。公司2014年销售仅几千万，2015年已过亿，预计今年可达4亿元。"

只有新技术、"新"含量才能创造新市场。目前的深圳，每万人有效发明专利拥有量是全国平均水平12倍，以源头创新带动新需求的企业已成为深圳推动供给侧结构性改革的重要力量。

打造世界级"新枢纽"张扬"磁力""魅力"

截至2015年底，53个国家和地区已在前海蛇口自贸片区设立2910家企业，与此同时，前海企业又在境外直接投资140家企业、机构，同比上升197.87%。

"枢纽"，不仅应是资源的聚集地、吸附器，还必须是区域的发动机、能量的辐射源。近期，一些深圳企业在外地设立业务分支引发了自媒体"撤离深圳"猜测。不少专家认为，这恰恰是深圳枢纽地位的集中体现。

"没有聚，就没有散；没有散，也没有更好的聚。让世界的技术，在深圳找到产业化的沃土；让深圳的产业，在全世界找到释放能量的空间。"

深圳，体现惊人"磁力"：56家国际国内标准化专业技术委员会相关机构集聚；近300家世界500强企业落户，微软、三星等近30家跨国公司在此设立研发中心；拥有国家级高新技术企业5524家。

深圳，彰显四射"魅力"：诞生了中国平安、招商银行、华为、正威等4家本土世界500强；在广东各地乃至全国，不少深圳企业分支机构已成为地方经济发动机；在海外，美国、欧洲、中东等地有了深圳的创新孵化器，深圳的企业、科研机构在世界各地建设了250多家研发中心。

"在未来中国、东南亚的经济版图上，深圳的作用举足轻重。"经济学者刘维明说。

2. 让简政放权带给百姓更多"获得感"

——聚焦简政放权

简政放权是"一场自我革命",其根本是政府职能转变。"放"不是一放了之,而是放活、放好、放到位;"管"不是无所不包,而是管权、管责、管制度。"放"和"管"就像两个轮子,只有两个轮子都做圆了,车才能跑起来。在大量减少审批后,政府要更多转为事中事后监管,切实把市场管住、管好。只有如此,老百姓才会有更多"获得感"。

"三证合一"改革破冰带来哪些启示？

简政放权是全面深化改革的"先手棋"，是本届政府"第一件大事"。两年多来，简政放权各项改革有序推进，一边做减法，一边做加法。哪些"硬骨头""拦路虎"已被清除？如何激活市场新活力？哪些环节有待进一步加强？放管结合取得了什么成效？新华社组织多地分社记者展开调研。从 2015 年 7 月 27 日起，"新华全媒头条"连续四天播发系列报道，从市场如何获得新活力、民生怎样增强"获得感"、政策着力助推"新业态"、监管注重"放管转"结合等四方面，为

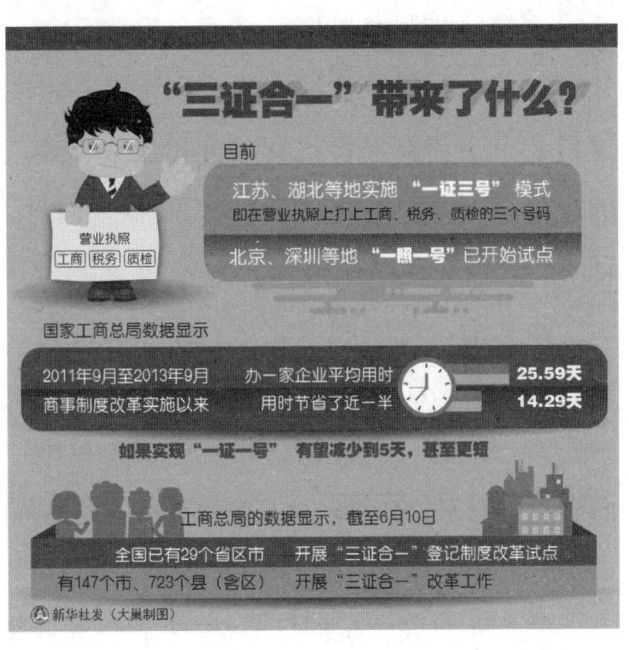

读者展现简政放权"全景图"和"成绩单"，梳理下一步的"时间表"和"路线图"。

每个人只有一张身份证，但企业却一直有三张"身份证"：营业执照、组织机构代码证、税务登记证。申请烦琐、多项收费，而有的证难得一用。

2015年，这件事发生了历史性转折。5月举行的国务院常务会议确定，实施"三证合一"登记制度改革，将工商、质检、税务分别核发证照，改为由工商部门一次性核发营业执照。

在本轮简政放权中，"三证合一"被评价为力度空前、改革彻底，其成功破冰对于加速其他领域改革具有重要启示。

破冰："原来跑断腿，如今一条龙"

"塑料袋装着厚厚一摞原件和复印件，身份证还复印了好几份；填200多个数据，跑大半个月，没有七八趟下不来。"这是北京嘉利新宏科技有限公司法人代表王学岭以前注册企业的遭遇。而今，则变成了"填20多个信息，5个工作日就拿到证了，还没找代办机构"。

不久前，他因领取北京首张"三证合一、一照一号"营业执照而广受关注。

"三证合一"曾被认为是商事改革中"最难啃的骨头"。而李克强总理2015年3月考察国家工商总局时提出硬要求："三证合一、单一号码"改革年内务必实现。

截至4月底，全国已有29个省份开展了"三证合一"登记制度改革试点。目前江苏、湖北等地实施"一证三号"模式，而在北京、深圳等地，"一照一号"已开始试点。

企业登记提速源于商事改革加速。江苏省政府办公厅政务公开办主任张旻介绍，自去年底正式启动"三证合一"改革以来，江苏实现统一受理窗口、统一登记表格、统一数据标准和统一办理平台"四个统一"。

名词解释

什么是"一证三号"模式？

"一证三号"模式，即在营业执照上打上工商、税务、质检的三个号码。

6月1日，江苏改造升级后的企业注册登记并联审批平台正式上线运行，打破了登记层级的空间限制，实现省、市、县、乡一张网、一个平台登记。截至7月20日，全省共发放"三证合一"营业执照1.3万余份，发照数量领跑全国。

北京市工商局注册登记处处长况旭介绍，现在申请人仅需在网上一次填写申请信息，前一环节的有效数据信息直接应用于下一环节审批，减少部门间的数据重复审查、重复录入。

"能政府内部流转，就不让企业跑两个部门；能共同承担责任，就不让企业多提供一份材料；能当场拍板的，就不让企业多等两天。"他说。

国家工商总局数据显示，2011年9月至2013年9月，办一家企业平均用时25.59天；而商事制度改革实施以来，缩短为14.29天，节省了近一半。如果实现"一证一号"，有望减少到5天，甚至更短。

中国社会科学院法学所副研究员姚佳说，"三证合一"提高了市场主体的准入效率，淡化了部门利益，"产生的改革红利既能给市场带来正向效应,也有利于保持政府改革的应有势能。"

专家认为,"三证合一"还有利于破除不同市场主体之间的"信息孤岛",将有效促进建立公开透明的社会信用体系,缓解小微企业贷款难等问题,不断释放出更多改革红利。

启示:"层层倒逼"破除利益藩篱

"一些地方前几年就开始试点了,一直进展缓慢。今年顶层设计方案出炉后,各地改革陡然提速。"一些基层干部如此回忆起"三证合一"改革历程。

在中国人民大学商法研究所所长刘俊海看来,中央政府加强顶层设计,层层倒逼各地打破部门垄断,是这一改革的成功关键。"从历史和实践看,单个地方、单个部门的单边突进,很难打破部门间阻隔。"

牵头层级越高,改革力度越大。

记者调研中发现,一些地方由工商部门牵头推进"三证合一"改革,往往不彻底,"煮夹生饭";而以一级政府统筹推进改革,则力度大,见实效。

以江苏"三证合一"协调推进工作小组为例,常务副省长担任组长,两个副省长担任副组长,3个省政府正副秘书长和7个省有关部门负责人担任成员,负责指导和督查,下设办公室抽调相关部门业务骨干具体协调落实。

"从实际效果看,建立由政府主导、部门参与的协调推进工作机制,对确保全省'三证合一'登记制度改革实施发挥了有力的组织保障作用。"张旻说。

对于职能部门来说,推行这项改革就是自我革命。以组织机构代码证号为例,在办证换证时需要收费,在有的省,这项收费一年可达数千万元。"三证合一"改革后,这部分经济利益就没有了。

而国务院常务会议提出"年底前彻底完成"目标后,各地纷纷以问题为导向,强力扫除利益藩篱。

"不能算部门小账,而要算全局大账。"姚佳表示,改革后,一些职能部门的收费减少了,权力也小了。但从国家范围看,市场主体更方便,经济更有活力,有利于税源和财政收入增加,"大河满了,小河才有水"。

另一个启示是,让权力网上公开运行,需要整合数据统一平台。

各部门都有自己的规范标准,数据难以共享。江苏在改革中专门成立技术组,通过改造升级,实现全省企业注册登记并

专家观点

提高"三证合一"改革的科学性、合理性,必须整合各部门标准,建立统一的数据平台。从实践看,只有打破部门间的"信息孤岛",统一标注规范,才能使改革从"物理反应"升华到"化学反应",从根本上提高行政效能。

——国家行政学院教授 竹立家

联审批平台与部门系统的全数据共享。

期盼：统筹推进"一证走天下"

正在筹资办企业的西安创业者王毅向记者抱怨，银行办理贷款业务时，依然要求客户提供工商营业执照、税务登记证、组织机构代码证、开户许可证和法人身份证，缺一不可。

"我如果选择领取'三证合一'营业执照，反而会因为'手续不全'贷不了款。"王毅很困惑。

记者近期致电多个银行客服也发现，目前企业开基本账户仍然需要组织机构代码证原件。一些银行工作人员表示，之所以需要原来的"老证"，是因为资料最终要交由中国人民银行审核。

改革推进不统一、不配套，让企业尚难"一证走天下"。

"现在已经不是改不改的问题了，而是怎么样才能改得好、改得彻底。"一位业内人士说，税收征收管理法、组织机构代码管理办法中，制发税务登记证和机构代码证都有具体规定，"现在'守门员'换了，'裁判'就不能再按原来的规则吹了。"

刘俊海认为，一些地方职能部门以"法律法规有规定、国家主管机关有要求"等名义抵制改革，因此改革"上下不衔接"的问题应及早解决。

"实践先于制度"的问题，并非只存在于"三证合一"改革中。专家认为，应加快修改调整相关法律法规的步伐，增强简政放权改革的合法性。

"统筹推进"已成改革当务之急。中国行政体制改革研究会秘书长王满传说，工商登记制度改革颠覆了传统监管模式，需要各职能部门协调配合、共同应对。目前，各行政审批部门对配套制度建设和监管手段建设还不重视，信用监管、协同监管和社会共治还处于探索起步阶段，难以适应改革后企业迅速进入市场的监管要求，需要进一步加强顶层设计，持续推进改革。

"放管结合"还需迈过几道坎？

简政放权，不等于"一放了之"。

2015年7月22日召开的国务院常务会议提出，将持续推进简政放权、放管结合、优化服务改革，创新事中事后监管，促使市场主体自觉守法，营造公平竞争环境。

既不能越位、错位，也不能缺位——政府在市场中如何找准自身定位？

记者近日兵分多路调查发现，各地围绕"放管结合"，在完善监管体系、丰富监管方式等方面积极展开探索，成效初显，但仍然存在不少问题。监管合力尚未形成、基层配置有待"下沉"、社会组织仍需壮大规范，成为直接影响"放管结合"、政府"强身"的三道坎。

从"等人敲门"到"上门找人",事后监管如何形成合力?

吉林长春18家不法投资公司携带市民委托投资的近亿元血汗钱跑路。这些注册资本数千万元、获取投资者信任的民营投资公司,实缴资本为0元。

"0元公司"诈骗现象引发热议:商事制度改革、市场放宽准入条件后,如何加强市场监管?

行政权力,该放的要放彻底,该管的要管到位。

"以往工商部门是要等开办企业所需证件办齐后,再发执照,是'守门员';现在前置审批条件都改成后置,企业获得工商执照等于拿到'入场券',但并不意味着就能上场踢球。"一位工商部门监管人士这样比喻。

近年来,商事登记改革持续推进,100项工商登记前置审批事项改为后置审批,放宽了经济主体的市场准入。据业内人士介绍,以前是所有证件都拿齐了,才能办工商执照,企业为了正常营业,必须主动去敲审批单位的门;现在是先颁发执照再办证,节省了企业的时间,工商登记部门从过去的"守门员"变成了"收票员",但需要

> **新华社评论**
>
> 在大量减少审批后,政府要更多转为事中事后监管,切实把市场管住、管好。这是政府管理方式的重大转变,难度更大、要求更高。各级政府及其工作人员要积极适应这一转变,切实履行好管理职责,要明确"放"与"管"的边界,创新加强事中事后监管,实现责任和权力同步下放、放活和监管同步到位。

审批单位主动出击找那些拿到了执照的企业，这就为找得准、管到位增加了难度。

"打个比方，开餐饮企业，以前得先拿许可证，现在注册一个公司，经营范围里有餐饮，如果没有经过噪音、油烟测试，没有拿证的情况下就营业，监管部门就得主动到市场上排查。"上述人士说，涉及养老、食品等一系列人民群众健康、安全的监管，不仅不能放，还要抓得更紧。

> **新华社评论**
>
> 简政放权是"一场自我革命"，其根本是政府职能转变。"放"不是一放了之，而是放活、放好、放到位；"管"不是无所不包，而是管权、管责、管制度。"放"和"管"就像两个轮子，只有两个轮子都做圆了，车才能跑起来。

事实上，市场经济越发育，监管难度越大。国家行政体制改革研究会秘书长王满传说，在审批减少、宽进严管的监管新需求背景下，继续停留于"审批依赖、各管一段"的传统监管理念和方式，必然难以应对新增市场主体"鱼龙混杂"的新挑战。

如何让事后监管更加有效？一些地方正在试水"合力监管"。

"我们将食药、质监、物价、知识产权等市场监管职能整合成立市场监管局，实现一支队伍管市场。"在湖北襄阳高新区，新成立的市场监管局副局长王永娟说，借助网格化、清单式监管，市场监管局真正实现了对市场主体"一巡多查"，做到应查尽查，有效解决以往分段监管、多头监管的弊端。

王永娟说，以前多条热线、多头反馈，存在着民众不知向谁投诉、部门相互推诿的问题；执法时也会存在工商查台账、食药监查安全、质监查电子秤等分头行动，上门就要好几次。现在一支队伍统一响应、执法，提高办事效率的同时，也消除了监管死角。

"管烟花的"变"管危化的"，基层监管"接得住"吗?

简政放权大背景下的监管，重点在基层，难点也是基层。

"以前食品监管是'橄榄形'结构，中间人多，两头尤其是基层执法力量弱。"上海市食药监局局长阎祖强说，现在上海划转和下沉给基层的执法人员超过1700人，市、区县、街镇三级执法形成10∶25∶65的"金字塔"结构。

伴随着简政放权的持续推进，大量审批、监管权限下放至基层，基层"人财物"能否配足、配强，直接影响简政放权放权能否放得好、管得住。然而，记者走访发现，一些基层地区人手缺乏、人员培训没有及时跟上，"接不住、管不好"等问题仍存在。

中部地区一基层政府探索审批集中，将原本分散在数十个部门的审批权，集中在一个部门行使，一个工作人员要负责数十项审批业务。

"现在我们部门统筹管理18个窗口、8个局几十项业务，我自己要负责20多项，很多业务需要熟悉，一整天神经都是紧绷的。"上述地区窗口工作人员小鹏拿着一本几厘米厚的册子说，过去只要管烟花爆竹产销，现在得负责危化品、职业病等80%以上的审批条例，此前工作中从未接触过。

类似情况在一些街道办事处出现。不少办事处工作人员说:"上面机构精简了,下面该做的事却越减越多,但人还是那么几个。"

"简政放权,到了我们这一级,就成了简政'放责'。"不少工作人员向记者反映,在基层,时常出现"放责不放权"的现象,由于权责不对等,导致许多下放的事项难以推进。

"我们可以进行安全生产方面的检查监督,但是没有处罚权,所以就算检查了对方也不当回事,通知他参加安全生产会议,也不来。"湖南某市一街道办事处工作人员说。

目前,一些地方已着手探索,通过监管执法权限"下沉"、配强基层力量。例如,为了解决非法采矿,地处湖南省湘潭县南部的中路铺镇将国土、安监、环保等7个职能部门的13项行政处罚权,下放至乡镇。

政府权力下放后,基层监管执法任务繁重,应为其配备与其责任相符的人员与执法权限。

——中国政法大学党委书记 石亚军

中路铺镇党委书记李洪运说,过去乡镇没有执法权,只能上报县国土部门处理。而国土部门执法大队人员有限,有时等到执法队员到场,非法采矿人员早已转移。"基层执法权限和力量充实后,'放管结合'彻底改变了以往'看得见的管不着,管得着的看不见'等窘境。"

"红顶中介"加速脱帽，社会组织怎样"接棒"？

政府"瘦身"之后，一方面半官方性质的"红顶中介"正加速与行政职能部门脱钩；另一方面不少原本由政府承担的管理服务职能，改由行业协会等社会组织承担实施。

那么问题来了：这些新的管理服务主体能否"接棒"？

不少业内人士介绍，社会组织一般不具备行政强制权力，其参与市场管理主要是依靠行业约定、技术标准、资质认可、等级评价等市场手段，为市场参与者提供相关企业在技术、信用、安全等方面的参考指标，起到"表彰先进、监督落后、净化市场"的综合作用。

近两年来，国家大力鼓励社会组织发展，引入市场竞争机制，各地社会组织发展迅猛，全国社会组织数量增长速度保持在10%左右。但湖南省工商联副主席吴曙光说，无论是数量还是质量，与当前经济发展和简政放权要求还存在不小差距。

政府管理职能下放给市场，首先要有相应的专业性社会组织来承接。"环评下放后，有的环评机构竟是环评对象的子公司，有的地方连环评公司都没有。"王满传说，这种情况下，环评放下去后，能否发挥出应有的监管职能明显存疑。

社会组织需要具备足够专业实力，才能承担起市场监管职能。武汉市一家商会组织介绍，针对豆制品小作坊脏乱差问题，政府曾委托当地豆制品商会来调研整治市场环境。商会组织只能通过商会约定来对会员单位规范管理,但大部分豆制品企业、作坊,连豆制品商会会员成员都不是。"一个覆盖面非常有限的商会组织,要承担起全市整个豆制品市场的管理,从何谈起?"

要管好相关行业领域,社会组织"打铁还需自身硬"。不少企业反映,一些行业协会类社会组织,服务能力有限,却利用资质鉴定、检验检测等行业垄断职能大肆敛财。

全国工商联房地产商会投融资中心主任尹斌说,企业反映参加的行业协会、学会、研究会、商会等社团组织数量普遍都有5至10家,多的甚至高达二三十家,每年每家协会会费少则1000至2000元,多的达数万元,其中很多协会收费多服务少,甚至是不服务。光收钱没服务的协会,无法让企业信服,怎么来发挥规范、净化市场的作用?

"完善的社会组织,是实现大市场、小政府的前提条件。"湖北襄阳市高新区管委会副主任鲁大全认为,目前需要做的,一方面是降低社会组织成立门槛,打破行业垄断,通过市场竞争优胜劣汰产生一批覆盖面广、运行规范、有公信力的社会组织;另一方面在针对社会组织的法规、监管等方面进一步完善,对违规、违法的社会组织加以惩处,"这样政府下放的管理职能,社会组织才能接得稳、用得好、管得住"。

简政放权,放管缺一不可。不少业内专家和基层干部表示,迈过管理体系、基层配置、社会组织三道坎之外,还得继续增强各方依法履职能力,进一步加强管理提高效能,更加宽松地放,更加科学地管,让市场与社会实现"活而有序"。

让简政放权带给百姓更多"获得感"

两年多来,简政放权改革取消、下放多项审批权力,而在可观的数据背后,另一张成绩单,是老百姓的感受。

2015年2月,习近平总书记在中央全面深化改革领导小组第十次会议上强调,"把改革方案的含金量充分展示出来,让人民群众有更多获得感。"事实上,简政放权效果好不好,正是要看老百姓"获得感"有多少。

"获得感"来自何处?来自公众对改革的民生期待——程序更明白、手续更简单、沟通更顺畅、证明不再"奇葩"。

它们实现了吗?

群众办事新气象:从哪里感受到了简政放权?

对于北京市民刘令栓来说,简政放权给他的"获得感"是8个工作日。"消防证已经全都办好了,一共就来了两趟,快多了。"6月,在北京市西城区综合行政服务中心办理建审消防证件的刘令栓告诉记者,过去需要15个工作日,如今缩短了一半。

在湖北襄阳超市老板志强眼里,这份"获得感"是减少了12天"跑腿"。几年前,超市换广告招牌花了志强两个星期,因为申报、审批、现场踏勘等程序都要城管部门完成,尤其是现场踏勘，排队等候时间特别长。2015年6月，超市要再次更换广告招牌。由于当地在新一轮改革中安排专人负责现场踏勘工作，志强的排队等待时间明显缩短了，走完全部流程只要2天。

在北京某综合行政服务中心工作人员张女士眼里，"获得感"是一套资料与5套资料的区别。她说，简政放权改革之前，新设立有限责任公司须分别向不同部门提交5套资料，填写数据项200多个，如今，拿到工商局出具的名称核准通知书后，办事人只需提交一套资料，区行政服务中心、工商、质监等部门便可联动办理。

对老百姓来说，简政放权"获得感"的同义词是明白、简单、快捷。

各地都迈出了步伐：北京市西城区事项标准由过去的825项精简为699项、管理规范类标准由1225项规范为45项；湖南14个市州共取消、下放行政审批事项1000余项；在2015年地方两会晒出的权力事项精简成绩单中，一些省份减掉近七成……

改革还将继续向纵深推进。国务院总理李克强在2015年5月提出，今年简政放权重点工作是五个"再砍掉一批"，包括审批事项、审批中介事

新华社评论

要转变监管理念，强化法治、公平、责任意识，坚持依法监管。监管要与社会信用体系相衔接，建立健全诚信档案、失信联合惩戒和黑名单制度，促使市场主体自觉守法，营造公平经营环境。

项、审批过程中的繁文缛节、企业登记注册和办事的关卡、不合法不合规不合理的收费,"要把主要由政府部门'端菜'变为更多由人民群众'点菜'。"

"获得感"还来自参与度。国务院6月在网上开展"我来参与国务院文件清理"活动,邀请网民对拟进行清理的部分国务院文件提出清理意见,并将把网民意见作为对文件清理决定的重要参考依据。

与此同时,面对让老百姓深恶痛绝的"证明你妈是你妈"问题,公安部称:各地开始清理"奇葩证明",全面梳理证明种类,要让信息多跑路,让群众少跑腿。

"小事大麻烦"让"获得感"打折

然而,在一些地方,部分民众仍未享受到改革的雨露。

中部某市市民江先生就是其中之一。2015年6月,江先生在上海住院后,回乡报销异地医保。尽管备齐了各项资料,但该区医保站窗口工作人员仍告诉他,"你还缺一份××材料,几天之内拿过来,否则不办。"

江先生纳闷了,为什么从来没听说过这份材料?他打电话询问了上海医院、当地另一区县医保站,对方皆回应,"从没听说需要这个东西。"此后,江先生跑了好几趟、多方询问打听,甚至委托熟人"打招呼",皆无果。

无奈之下,他只好硬着头皮给区医保站站长送了1000元购物卡,"然后什么材料都没要,就给我办了"。

记者采访中,江先生一再强调不要写明个人详细信息。"我得的是慢性病,年年要住院、报销,明年我还得求这个人,惹不起。"

一些群众说,有的权力掌握在"小官"手中,仍存在审批事项"一夫当关、万夫莫开"的局面,吃拿卡要现象仍未根除,群众办小事,却要受大麻烦。

湖南省个体老板阿华遇到了另一种麻烦——为了一张单身证明,他"团团转"跑了近两周。

阿华离婚3年,结婚登记和离婚登记在某市民政局办理,而户口所在地则在县城小镇。他前往民政局申请办理单身证明,工作人员告诉他:"这个证明要在户口所在地出,我们不能越级。"阿华不服气:"结婚和离婚登记也不在户口所在地,当时不越级,现在怎么就越级了?"工作人员回答:"规定就是这样。下一位。"

于是,他只好回到户口所在镇去,而镇派出所与民政局的登记信息没有共享,阿华的户口仍然显示"未婚"。最令人费解的事情来了——派出所要求阿华"先证明结婚了,再证明离

"划界"　　　　　新华社发　徐骏　作

婚了，才能开证明"。

"换句话说，我必须先把户口改成结婚，再改成离婚，而且他们要求我前妻必须在场。"阿华说，前妻已在外地生活。工作人员答："在南极也要回来才能出证明。"

尽管嘴皮磨破，可镇派出所依旧答复他，要更改户口婚姻信息，先要到结婚和离婚登记地址，也就是市民政局，证明"已结婚"和"已离婚"。阿华再次回到民政局，对方再次推诿："这是你户口所在地派出所的事。"

从户口所在的镇到地市民政局，开车需要4个小时，为了一纸单身证明，阿华来回跑了4次，徒劳无功。

据新华社2015年组织的一项问卷调查，流程繁琐、手续复杂，依然是2014年百姓去政府办事的普遍感受。

在近2500名受访者中，超过78%的人认为去政府办事"很麻烦"或"比较麻烦"；超过81%的人认为办事流程"繁杂"和"比较繁杂"；办一个手续，有13.1%的人跑了10趟以上，而3趟以下就办完的，不到三分之一；在实际操作中，需要"托关系、找熟人"的受访者超过七成，这依然是群众办事的无奈"潜规则"。

还需要哪些"获得感"？

事实上，当"门难进、事难办"有所改观，下一步，群众所需"获得感"还来自"脸难看"的改变。

6月，记者在中部某市房地产交易中心蹲点观察，目睹了一场关于"态度"的激烈争吵，14号窗口的一位中年男子与工作人员大声争论，气急之下，用文件袋摔打柜台桌面。

"实在太气人了，一个二手房按揭抵押登记，来回跑了两趟，好不容易排上了队，却告诉我规定改了，要到汉阳去办。"某银行负责房产抵押业务的王先生说，6月4日他和客户拿号排队等了4个小时，将房产抵押资料提交给窗口工作人员，当晚就接到电话要他第二天来领取资料。5日，王先生的客户特意向单位请假，和他一起来到房产局，拿号排队，又等了快4个小时。好不容易排到了，窗口人员却告之：规定更改，他们必须将资料提交给区房管局。

"规定改了，为什么不在电话里通知，然后直接取件？非得重新拿号、排队才告诉我们？"王先生不明白，只要工作人员提前提醒和快速退件，就能避免耽误时间，为何如此大费周章，反复折腾？

"我怎么知道？我也刚接到通知！"窗口人员一句话就把王先生堵回去了。然而，这一项更改，意味着王先生的客户需要再请一上午假，赶一个小时路程，到区房管局从头再排一次队。"白白耗了一天，工作人员连解释都没有，这才是最气人的。"

窗口办事人员的工作态度，是关系到群众"简政放权"获得感的第一线感触，中央政策"热乎乎"，窗口一个脸色却有可能让老百姓寒了心。

"程序上的客观问题，不是不能理解，但不能成为简单粗暴态度的'尚方宝剑'。"不少人表示，如果"不顺利"和"不明白"遇上了"不解释"，就算几经周折事儿办成了，感受也会大打折扣。

记者在采访中也看到，不少地区已建立了"阳光服务""微笑服务"模式。

"进门空调是开的，茶是热的，工作人员脸是笑的，我们办事心情也舒畅了。"湖南长沙企业主刘铁锟在长沙岳麓区政务服务中心工商窗口的服务评价仪上为工作人员"点了个赞"。

在这里，窗口人员统一着工装、挂工牌上岗、微笑服务。中心大厅休息座椅、饮水机、擦鞋机、充电器、便民箱、轮椅拐杖等服务设施一应俱全。每个窗口都摆放着一个服务评价器，群众既可以给工作人员服务态度"差评"，也可以"点赞"，群众评价直接与绩效考核挂钩。如今，评价器每天要收到群众点赞近百次。

政府施政要义，在于以敬民之心行简政之道。干部群众说，只有不断提升百姓的"获得感"，简政放权改革才能真正取得实效。

简政放权不能一放了之

简政放权两年来，本届政府削减三分之一行政审批项目的目标已完成，市场活力大大激发，政府行政效能也得以提升。但是改革实践中也存在一些问题：一些地方、部门简单地认为，简政放权就是"一放了之",后续监管和服务没有跟上,减弱了简政放权的实际效果。

记者在多地调研发现,一些地方、部门一放了之,导致权力下放了监管没跟上,权力下移了下面没接住,出现监管"真空";一些地方片面追求取消下放审批数量,出现法律支撑不足以及统筹协调不够等问题;有的部门将管理难度大、责任重的事项下放给不具备监管能力的基层单位,造成基层难以应对……

造成这种现象的主要原因是,长期以来,一些行政机构的工作思维就是依靠审批实现管理,"谁审批谁监管"。现在随着权力的下放,就有人解读为不审批就不用监管,任由权力"自由落体";一些部门和地方执政水平有待提高,对于如何创新事中事后监管,优化服务,没有好的办法。

当务之急是加强市场监管,为各类市场主体营造公平竞争的发展环境。商事制度等改革之后,新的市场主体大

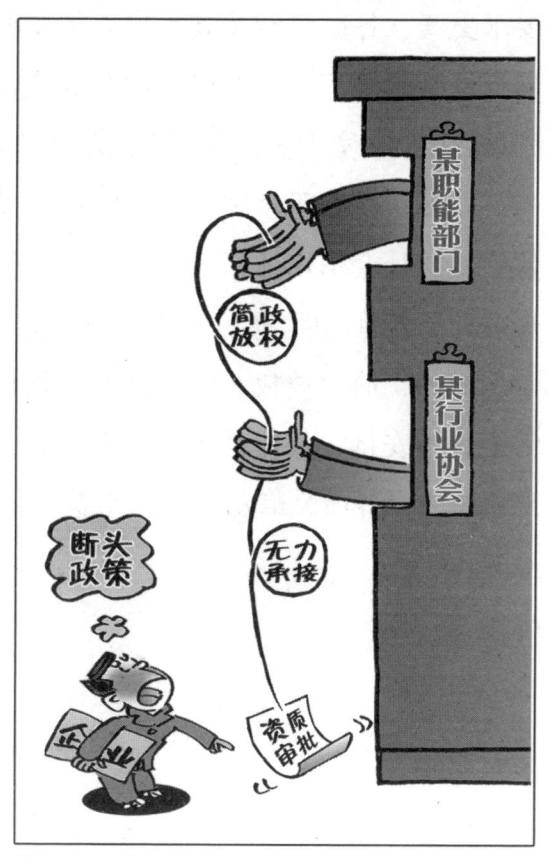

"一放了之"　　　　　新华社发　蒋跃新　作

批涌现，如果监管跟不上，"劣币驱逐良币"的扭曲效应会放大，严重制约诚实守信经营者和新的市场主体发展。

简政放权是"一场自我革命"，其根本是政府职能转变。"放"不是一放了之，而是放活、放好、放到位；"管"不是无所不包，而是管权、管责、管制度。"放"和"管"就像两个轮子，只有两个轮子都做圆了，车才能跑起来。

在大量减少审批后，政府要更多转为事中事后监管，切实把市场管住、管好。这是政府管理方式的重大转变，难度更大、要求更高。各级政府及其工作人员要积极适应这一转变，切实履行好管理职责，要明确"放"与"管"的边界，创新加强事中事后监管，实现责任和权力同步下放、放活和监管同步到位。

要转变监管理念，强化法治、公平、责任意识，坚持依法监管。监管要与社会信用体系相衔接，建立健全诚信档案、失信联合惩戒和黑名单制度，促使市场主体自觉守法，营造公平经营环境。

此外，简政放权、放管结合、优化服务是一个系统工程，需要统筹安排、整体推进。唯有如此，行政审批制度改革才能蹄疾步稳，各项改革发展任务才能落到实处。

延伸阅读

万丈高楼从哪儿起？
—— 由建筑业透视行政审批权压缩空间

"万丈高楼从平地起？"不，对于建筑业内人士来说，是从行政审批起。曾有人披露建筑"行政审批长征图"，吐槽其流程之复杂、时日之漫长。

简政放权吹来了新风。淡化工程建设企业资质，加快推进电子招标投标，取消"雷评"等行政审批中介服务……在确保规划合理、质量过关的前提下，审批手续的简化让建筑业"轻装上阵"。

然而，清除多年积弊很难一蹴而就。记者近日走访京沪苏陕鄂湘工地发现，这个行业现存的一些问题，从一个侧面折射了行政审批仍然可以压缩的空间。

动道墙花4个月，能不能速度快点？

"从拿地、立项、设计方案，到审批和整体设计，我们这个项目还没施工，就要至少和消防、规划、交通、环保、交警、绿化等6个部门打交道；专项评审做了9个，分别是结构、交通评价、卫生防疫、防雷、防汛、节能、玻璃幕墙、深基坑。"一家房地产开发公司前期开发部主管告诉记者，一些评估要到科委评审，需要排队，一个评审等上两个星期都是正常的。

简政放权以来，建筑业审批速度明显加快，但从拿地、拿规划许可证、再拿到施工许可证，不少项目仍需两年以上才能正式开工。而在土地出让合同却要求，土地出让一年内必须开工。

"企业只能延期。"上述主管说，延期还不能说是政府审批没过，一般都是用"资金没到位、方案设计没完成"打马虎眼，再让招商部门去"敲敲边鼓"，最后相关部门才会盖章。

而在不少地方的建筑审批流程中，即使前期顺利通过了，后期要做变更，哪怕只是动一道墙，也要把前期所有手续再跑一遍。

一家房地产公司的副总经理告诉记者，他们一层楼中有一面隔墙要挪一点地方，以满足入住商户的美观需求，电梯的位置也会跟着移一点，"结果和环保、市容、交通、交警、商委好多部门征询意见，最后把征询单全部给规划部门，花了4个月。公司两任老总因为拖了时间，被总公司开掉。"

"这个变动对科学规划和建筑安全毫无影响，却仍要走这样复杂的手续。"他说，为了赶工期，有的企业只能打擦边球，先把墙按照原来的图纸砌起来，等到验收通过、商户入驻装修时再砸掉。"这是多大的浪费啊？"

审批标准不一，企业何去何从？

多位建筑公司负责人都说，建筑项目涉及部门多、环节杂，部门间文件"打架"时有发生，企业面对各种新规应接不暇、无所适从。

有时，"新政策不认旧批文"：新政策层出不穷，有时按原政策方案都批完了，一有新政策又得重新"翻烧饼"。

一位建筑业副总经理说，自己的方案2014年7月已经批复，电力开关站设在地下，但电力部门后来出台新规定，要求仅有地下一层的用户电力开关站不得建于地下。"要求我们重新调整，否则就不给我们供电，我们只好把这个200平方米的站往上翻，并承担所有损失。"

有时，部门打架靠企业"斡旋"：当两个部门间需要提供的审批材料不一时，只能企业来兜底。

一家房地产开发公司相关负责人说，他买了一整块干净的地，没有水坑、水塘。可到水务部门做专项评估时，地形图上显示有3000平方米的水塘，应该是政府卖地之前已经填掉了。水务部门就不同意评估，要求企业再找一个大小一样的水塘填掉，补做一个移水补水证明。

"我去哪里找这样的水塘？再说这不是浪费吗？"该负责人说，最后他只能和镇政府协调，出具证明，表示镇里面的一条河河道拓宽时，把水塘合并进去了，拿到水务部门才通过。

有时，政府出错企业"买单"：有时审批部门自己出了错，也要企业来承担。

一位建筑业副总经理说,他有个项目,规划部门的道路红线和水务部门提供的河道蓝线不能完全对上,方案就一直通不过。为了通过方案,企业只能自己去花6万元,找设计院重新做了修补,再一个部门、一个部门去跑。

"资料都是政府部门提供的,为啥让我们出钱?"他说,实在解决不了时,企业就去给政府部门写承诺书,承诺风险自负,有时一个项目要写十几个承诺书。

企业期盼三大简政原则

不少建筑业内人士认为,建筑审批的简政放权不仅是简化环节,更是一种审批理念的转变。审批部门应更加合理地设计审批流程,更加科学地为企业和百姓服务。

——前期招标环节:指标规定越详细越好。

在土地出让合同中,将交通部门的道口、防汛部门的标准、环保部门的环境要求等分指标、分项目所有需要约定的地方,全部详细纳入,在招标环节企业就可以根据自身情况决定是否应标。

"香港的土地出让合同一般都是厚厚一本书,而我们的合同就几页纸,无论体量大小一律一刀切,要求一年开工、两年竣工,这本身就不合理。"一位业内人士表示,如果前期能将所有指标规定详细,后期的专项评审就可以前移。

——中期施工环节:变更手续越简化越好。

可以定好几条红线，容积率、框架结构、限高、建筑密度、用电量等大指标不容任何调整，其他小项的调整和手续能尽量减少。在验收环节把控质量，不改变原则性指标，中期施工放权给企业灵活调整。

——后期验收环节：验收周期越集中越好。

一位建筑公司相关负责人介绍，现在建筑验收仍然是一家一家来，人防、环保、卫生、交通、交警、雷击、档案、绿化，每家需要提供的材料都不一样，谁提出一点毛病，企业就要重新整改一遍。一个中大型商业项目验收至少要花4个月，大量浪费人力物力。"能否一天或一个星期内，所有部门现场验收并出具整改方案，企业统一整改？"

3. 清理"红顶中介"关键在于严控权力"出笼"

——聚焦行业协会商会与行政机关脱钩

"让行政的归行政,让市场的归市场"。浓厚的行政化色彩实际对行业协会商会发挥潜力也形成了制约。行政力量的庇护让行业协会商会吃喝不愁,但同时也让其作风虚化、功能退化、机制僵化。只有将管办分离、职能分离、财务人事两独立落到实处,行业协会商会才能告别权力部门化、权力利益化,在市场的风浪中去强筋壮骨。

中办国办发文提出实现行业协会商会与行政机关脱钩

中共中央办公厅、国务院办公厅近日印发的《行业协会商会与行政机关脱钩总体方案》2015年7月8日对外发布。方案提出，积极稳妥推进行业协会商会与行政机关脱钩，厘清行政机关与行业协会商会的职能边界，加强综合监管和党建工作，促进行业协会商会成为依法设立、自主办会、服务为本、治理规范、行为自律的社会组织。

方案明确，脱钩的主体是各级行政机关与其主办、主管、联系、挂靠的行业协会商会。方案还提出了四条基本原则，一是坚持社会化、市场化改革方向；二是坚持法制化、非营利原则；三是坚持服务发展、释放市场活力；四是坚持试点先行、分步稳妥推进。

方案确定了脱钩任务和措施：一是机构分离，规范综合监管关系；二是职能分离，规范行政委托和职责分工关系；三是资产财务分离，规范财产关系；四是人员管理分离，规范用人关系；五是党建、外事等事项分离，规范管理关系。

在组织实施上，方案明确，国家发展改革委、民政部会同有关部门，成立行业协会商会与行政机关脱钩联合工作组。

中办国办发文提出
实现行业协会商会与行政机关脱钩

中共中央办公厅、国务院办公厅近日印发的《行业协会商会与行政机关脱钩总体方案》7月8日对外发布

方案提出

积极稳妥推进行业协会商会与行政机关脱钩，厘清行政机关与行业协会商会的职能边界，加强综合监管和党建工作，促进行业协会商会成为依法设立、自主办会、服务为本、治理规范、行为自律的社会组织

方案明确

脱钩的主体是各级行政机关与其主办、主管、联系、挂靠的行业协会商会

四条基本原则

一 坚持社会化市场化改革方向　　二 坚持法制化非营利原则　　三 坚持服务发展释放市场活力　　四 坚持试点先行分步稳妥推进

脱钩任务和措施

- 机构分离 → 规范综合监管关系
- 职能分离 → 规范行政委托和职责分工关系
- 资产财务分离 → 规范财产关系
- 人员管理分离 → 规范用人关系
- 党建、外事等事项分离 → 规范管理关系

方案还提出 全国性行业协会商会脱钩试点工作由民政部牵头负责，2015年下半年开始第一批试点，2016年总结经验、扩大试点，2017年在更大范围试点，通过试点完善相应的体制机制后全面推开

新华社发（大巢制图）

方案还提出，全国性行业协会商会脱钩试点工作由民政部牵头负责，2015年下半年开始第一批试点，2016年总结经验、扩大试点，2017年在更大范围试点，通过试点完善相应的体制机制后全面推开。

民政部有关负责人解读《行业协会商会与行政机关脱钩总体方案》

《行业协会商会与行政机关脱钩总体方案》2015年7月8日对外公布。围绕行业协会商会现状、与行政机关脱钩后如何加强监管、试点工作如何开展等焦点，民政部有关负责人进行了相应解答。

现状：增速快但面临诸多挑战

问：我国目前有多少家行业协会商会组织，呈现出怎样的发展态势，暴露出哪些问题？

答：我国行业协会商会从上世纪80年代末不足1000个发展到2014年底的近7万个，每年以10%到15%的速度增长，在各类社会团体中数量最多、增速最快。随着市场经济不断深入，我国出现了一批独立自主、能力突出、公信力高、示范作用强的行业协会商会，这些行业协会商会在积极反映会员诉求、参与相关产业政策研究制定、加强行业自律、完善行业管理、协调国际贸易纠纷、维护会员合法权益等方面发挥了重要作用。

但总体来看，我国行业协会商会还处于发展的初级阶段，面临一些突出的问题和挑战——

对行业协会商会的认识有待深化。一些地方和部门以及社会舆论对行业协会商会地位、作用的认识还停留在计划经济时代，对行业协会商会发展规律认识不足，对新形势下行业协会商会的发展意义、发展趋势认识不清；

行政化色彩较浓。由于我国一些行业协会商会是随着政府机构改革和专业部门的撤销设立的，与政府之间有着密切关系，协会商会的领导大多由业务主管单位推荐，部分协会商会习惯于依靠行政主管部门开展工作，一些行政主管部门也习惯将协会商会作为其附属机构直接指挥，行业协会商会作为独立的法人主体，自主性较为欠缺，影响了协会业务活动的有效开展，有的甚至借助行政主管部门的影响力向会员企业摊派会费，热衷于乱评比、乱表彰，增加企业负担；

自身能力建设不足。部

脱钩　　　　　　　　新华社发 徐骏 作

分行业协会商会尚未建立起现代社会组织制度，内部治理不完善，组织机构不健全，民主管理不落实，财务管理不透明，自律性和诚信度不高，社会公信力不足。有的行业协会商会待遇不高，难以留住人才，专职人员数量较少。一些行业协会商会对行业基本情况和基础数据掌握不全，缺乏对全局性、战略性、方向性、创新性的研究和思考，服务会员的质量和水平有待提高，这些都在一定程度上制约了行业协会商会的发展。

管理：重点加强事中事后监管

问：行业协会商会与行政机关脱钩，如何让监管不"脱钩"？

答：行业协会商会与行政机关脱钩不等于脱管，脱钩后要切实加强监管，防止出现管理上的"真空"。民政部门作为登记管理机关，对脱钩后的行业协会商会重点加强事中事后监管：

一是加强对行业协会商会负责人的管理，民政部门会同有关部门建立行业协会商会负责人任职条件、负责人产生办法、约谈、警告、责令撤换、从业禁止等管理制度，落实法定代表人离任审计制度。强化负责人过错责任追究，对严重违法违规的，责令撤换并依法追究责任。推行行业协会商会负责人任前公示制度、法定代表人述职制度；

二是加强对行业协会商会活动的管理。民政部门要通过检查、评估等手段依法监督行业协会商会负责人、资金、活动、信息公开、章程履行等情况，按照《关于推进行业协会商会诚信自律建设工作的意见》要求，建立行业协会商会信用档案，探索开展信用评价工作，建立"异常名录"和"黑名单"管理制度，加大对行业协会商会失信行为的惩戒力度；

三是加强社会监督。鼓励支持新闻媒体、社会公众对行业协会商会进行监督。制定社会团体信息公开办法，规范公开内容、机制和方式，提高透明度。建立健全行业协会商会第三方评估机制。建立对行业协会商会违法违规行为投诉举报受理机制，依法向社会公告行政处罚和取缔情况；

四是加强专项治理。配合财政部、工业和信息化部、中央编办等部门，做好涉企收费清理、减轻企业负担、清理规范国务院部门行政审批中介服务等专项活动。对行业协会商会利用业务主管部门影响、借用行政资源、依靠代行政府职能或凭借垄断地位乱摊派、乱收费的行为进行专项整治。

试点：根据不同情况缜密制定实施方案

问：总体方案提出，全国性行业协会商会脱钩试点工作由民政部牵头负责。请问试点工作将如何开展？

答：民政部将设立试点工作办公室，牵头负责具体工作开展。在全国性行业协会商会层面，总的安排是今年下半年选择100个左右全国性行业协会商会开始第一批试点，2016年总结经验、扩大试点，2017年在更大范围试点。在脱钩试点工作开展过程中，各业务主管单位作为责任主体，要按照"谁主管、谁负责"的原则，建立专门工作机制，明确任务分工，确保责任到人；要在认真研究和充分沟通基础上，稳妥确定全国性行业协会商会试点名单；要根据行业协会商会不同情况，逐个缜密制定脱钩试点实施方案，并具体安排、具体指导、具体把握。参加脱钩试点的全国性行业协会商会，要对照脱钩总体方案和配套文件精神，做好脱钩事项的自查和分离工作，确保如期完成脱钩试点任务。

在地方性行业协会商会层面，各省（区、市）脱钩工作组负责组织同步开展脱钩试点，今年下半年要首先选择几个省一级协会开展试点，在2016年底前完成第一批试点和评估，并在认真总结经验的基础上，完善试点政策，逐步扩大试点范围，稳妥审慎推开。

15条"干货"看懂行业协会商会与行政机关脱钩

中共中央办公厅、国务院办公厅2015年7月8日印发《行业协会商会与行政机关脱钩总体方案》。这一方案提出了行业协会商会与行政机关脱钩的总体要求和基本原则、脱钩主体和范围、脱钩任务和措施、配套政策以及组织实施，记者从中梳理出了15条"干货"。

哪些协会商会脱钩？

【明确脱钩主体】脱钩的主体是各级行政机关与其主办、主管、联系、挂靠的行业协会商会。其他依照和参照公务员法管理的单位与其主办、主管、联系、挂靠的行业协会商会，参照执行。

【同时具有三个特征纳入脱钩】同时具有以下特征的行业协会商会纳入脱钩范围：会员主体为从事相同性质经济活动的单位、同业人员，或同地域的经济组织；名称以"行业协会""协会""商会""同业公会""联合会""促进会"等字样为后缀；在民政部门登记为社会团体法人。

【特殊情况另行改革】个别承担特殊职能的全国性行业协会商会，经中央办公厅、国务院办公厅批准，另行制定改革办法。

脱钩脱什么？

【机构分离】取消行政机关（包括下属单位）与行业协会商会的主办、主管、联系和挂靠关系。调整行业协会商会与其代管的事业单位的关系，并入的注销法人资格并核销事业编制，不能并入的划转到相关行业管理部门管理并纳入事业单位分类改革。行政机关或事业单位与行业协会商会合署办公的，逐步将机构、人员和资产分开。

【职能分离】厘清行政机关与行业协会商会的职能。剥离行业协会商会现有的行政职能。行政机关对适合由行业协商会承担的职能，制定清单目录。

【财务分离】行业协会商会应执行民间非营利组织会计制度，单独建账、独立核算。对原有财政预算支持的全国性行业协会商会，逐步通过政府购买服务等方式支持其发展。自2018年起，取消全国性行业协会商会的财政直接拨款。行业协会商会占用的行政办公用房，超出规定面积标准的部分限期清理腾退。

【人员管理分离】行业协会商会具有人事自主权，在人员管理上与原主办、主管、联系和挂靠单位脱钩。行政机关不得推荐、安排在职和退（离）休公务员到行业协会商会任职兼职。对已在行业协会商会中任职、兼职的公务员，按相关规定进行一次性清理。行业协会商会全面实行劳动合同制度，与工作人员签订劳动合同，依法保障工作人员合法权益。

【党建、外事分离】行业协会商会的党建、外事、人力资源服务等事项与原主办、主管、联系和挂靠单位脱钩。

如何实现脱钩？

【出台相关配套文件】方案印发一个月内，中央组织部、中央编办、外交部、发展改革委、民政部、财政部、国管局、中直管理局等部门出台相关工作的实施办法或规定。

【开展试点】2015年下半年开始选择100个左右全国性行业协会商会开展脱钩第一批试点，2016年6月底前完成。

【全面推开】2016年总结经验、扩大试点，2017年在更大范围试点，通过试点完善相应的体制机制后全面推开。

脱钩后如何管理？

【完善支持政策】完善政府购买服务机制，支持行业协会商会转型发展。完善行业协会商会价格政策，落实有关税收政策。鼓励行业协会商会参与制定相关立法、政府规划、公共政策、行业标准和行业数据统计等事务。

【完善政府监管】各行业管理部门按职能对行业协会商会进行政策和业务指导，并履行相关监管责任。其他职能部门和地方政府按职能分工对行业协会商会进行监管。

【完善信息公开制度】建立行业协会商会信用承诺制度，完善行业协会商会的信用记录，建立综合信用评级制度。建立健全行业协会商会信息公开和年度报告制度，接受社会监督。

【试行委派监事制度】在重要的行业协会商会试行委派监事制度，委派监事履行监督和指导职责，督促行业协会商会落实宏观调控政策和行业政策。所派监事不在行业协会商会兼职、取酬、享受福利。

"红顶中介"摘帽进行时

——解析行业协会商会与行政机关脱钩

对于那些屡受诟病的"红顶中介"来说,摘帽子的时候到了。中办、国办印发的《行业协会商会与行政机关脱钩总体方案》2015年7月8日对外发布。作为指导行业协会商会改革的纲领性文件,方案按照厘清职能边界、充分发挥协会商会应有作用等原则,提出了脱钩改革清晰的路线图、明确的时间表、具体的任务书。

动真格:实现彻底分离

"红顶中介"催生的种种乱象并非行业协会商会的本来面目。国家发改委经济体制与管理研究所副研究员孙凤仪说:"作为政府与市场、社会之间的纽带,行业协会商会在为政府提供决策、服务企业发展、促进行业自律、创新社会治理等方面应发挥积极作用,做市场需要做却无人牵头的事,政府想要做却无精力做的事。"

据了解,我国行业协会商会从改革开放初期不足1000个,发展到2013年的6万多个,基本形成了覆盖国民经济各个门类、各个层次的行业协会商会体系。

摘　　　　　新华社发 大巢 作

但是,在当前简政放权改革背景下,一些行业协会商会的弊端愈加显露出来。专家指出,行业协会商会自身存在四大问题:一是行政化色彩浓,容易成为行政主管部门权力的延伸;二是代表性不强,很多全国性协会对业内企业的覆盖率不足一半甚至更低;三是自身结构不合理,有的行业萎缩协会却仍存在,有的行业发展迅速却难以成立相应协会;四是自我发展能力不足,制度不健全,行为不规范,有些只热衷于乱评比、乱表彰。

根据方案,脱钩将坚持社会化、市场化方向,促进行业协会商会自主运行、有序竞争、优化发展。为实现彻底脱钩,方案明确了"五个分离":

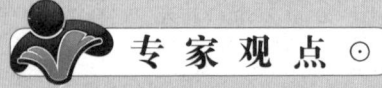 专家观点

只有摘下行业协会商会的红顶,才能切断利益链条和身份依附,让它们在市场搏击中强身健体,走向良性发展之路。

——国家行政学院教授　张占斌

——机构分离,取消行政机关与行业协会商会的主办、主管、联系和挂靠关系;

——职能分离,剥离行业协会商会现有的行政职能,对适合其承担的职能制定清单目录;

——资产财务分离,行业协会商会执行民间非营利组织会计制度,实行独立财务管理,自2018年起取消全国性行业协会商会的财政直接拨款;

——人员管理分离,行业协会商会全面实行劳动合同制度,使用的事业编制相应核销,行政机关不得推荐、安排在职和退(离)休公务员到行业协会商会任职兼职;

——党建、外事等事项分离,规范各类管理关系,加强综合监管。

完全分离才能找回自我,轻装上阵。"脱钩改革将促进我们自主运行,提升专业化水平和能力,更好地为企业、行业提供智力支撑,促进产业转型发展。"中国钢铁工业协会负责人说。

强监管:脱钩不是脱管

一面是放,另一面则是管。

专家指出,脱钩不是政府对行业协会商会一脱了之、放任不管,而是要加强综合监管,建立起新型合作关系。

作为配套措施,方案明确了脱钩后对于行业协会商会的支持政策,包括政府购买服务、税收、信息资源共享、参与协助政府部门多双边经贸谈判等。

 专家观点

> 这次改革配套了一系列支持和监管政策,包括扩大政府购买服务的扶持力度,加强协会商会管理体制和治理机制建设,确保脱钩不脱管。
>
> ——国家发改委社会发展研究所所长 杨宜勇

杨宜勇表示,从国际经验看,运用购买服务方式是政府资助和扶持行业协会商会的普遍做法。这样能帮助协会商会脱离"二政府"身份,通过服务不断"开源",促进它们可持续发展。

记者在采访中了解到,2001年组建的中国机械工业联合会多年来主动参与国家宏观经济政策、发展规划和产业政策的制订修订工作,定期向政府部门报送产业安全预警报告,发挥专业优势组织相关课题研究,在为政府提供咨询服务方面积累了有益经验。

在强化管理方面,方案提出要完善政府综合监管体系,不留真空,明确各部门监管职能,做到"多管齐下",包括民政部门的直接登记管理,党建管理部门党的组织管理,外事、税务、财政、审计等职能部门的专门管理和服务,行业管理部门的政策指导等。同时,还确立了委派监事、信息公开和年报等新的监管制度。

"提高行业协会商会的自治能力也是监管的重要方面,要通过建立竞争机制和退出机制增强其内生动力,打破'铁饭碗'。"杨宜勇说。

立规矩：走向法治轨道

既要摘下帽子，也要找到位置，通过法治使行业协会商会走上正常轨道、真正成为依法自治的现代社会组织是这项改革的最终目的。

方案已经明确，加快推进行业协会商会立法工作。

记者了解到，行业协会商会法已经列入我国立法机关的相关立法工作规划，起草工作正在紧锣密鼓进行之中。

当下更为紧迫的是行业协会商会自身的制度建设。刘俊海指出，现在一些行业协会商会制订的章程千篇一律，有的章程处于失灵状态，这恰恰是协会商会创新功能疲软、自律功能不彰、潜在风险巨大的根源。

方案规定，健全行业协会商会章程审核备案机制，完善以章程为核心的内部管理制度，健全会员大会、理事会、监事会制度。

脱钩改革牵一发而动全身。为使方案落到实处，体现改革综合配套，明确由中央组织部、中央编办、外交部、发展改革委、

专家观点

我国各类行业协会商会众多，机构、职能、资产、人员等情况不尽相同，完成脱钩改革是一项复杂而艰巨的任务。只有敢于触及矛盾，敢于涉险滩，才能既审慎稳妥又坚定果敢地推进这一方案落地生根。

——国家发改委经济体制与管理研究所副研究员　孙凤仪

民政部、财政部、国管局、中直管理局等部门牵头制订出台 10 个文件。

在改革操作上，提出试点先行、分步推进的原则。根据方案，今年下半年开始第一批 100 个左右全国性行业协会商会试点，并于明年 6 月底前完成。2016 年将扩大试点，2017 年在更大范围试点，完善相应的体制机制后全面推开。

清理"红顶中介"关键在于严控权力"出笼"

又是"红顶中介"！审计署 2015 年 10 月发布公告，点名一些单位依托行政资源违规开展经营活动或无依据收费。这说明，要斩除这些蚕食改革红利的"寄生虫"，需拿出刮骨疗毒的决心和勇气，坚决遏制权力"出笼"。

新华社评论

社会上又将"红顶中介"称为"二政府"，形象地概括它们"戴市场的帽子、拿政府的鞭子、收企业的票子、供官员兼职的位子"，正道出了这些"红顶中介"脚踩政府与市场"两只船"，一方面凭借政府身份获取甚至垄断行政资源，另一方面又拿这些资源到市场中兑现利益的丑恶。这不仅影响到市场公平，也加重企业负担。

"红顶中介"屡打不绝,根子在于权力作祟。正如公告所讲,"浙江省统一征地事务办公室通过内设机构违规从事经营活动",即通过下设的勘测中心,"未经招投标程序直接承接了浙江省内全部铁路建设工程中与国土部门用地审批相关的用地勘测定界和竣工复测中介服务"。自己不方便出面收钱,就在下面设个机构,如此一来收费自然隐蔽,被收费企业也敢怒不敢言。

"有空可钻"　　　新华社发 商海春 作

正由于此,李克强总理多次提出要整治"红顶中介"。国务院办公厅2015年4月印发通知,要求全面清理"红顶中介",整治中介服务收费乱象。只有进一步规范政府权力,厘清政府和市场的关系,遏制"红顶中介"继续横行,才能巩固简政放权的改革成果,维护政府的公信力。

遏制权力"出笼"必须抓实领导责任。不少"红顶中介"已存在多年,在相关行业或当地企业中是公开的秘密,其上级单位不可能不知情。中央三令五申要求清理,而"红顶中介"依然如故,检验着相关部门规范清理"红顶中介"的决心和诚意。

清理"红顶中介",防止权力"外溢",部门单位自查自纠固然必要,但更需要审计、纪检等积极介入,以有效的监督检查斩断一些中介组织与政府部门的藕断丝连,防止"嘴上喊得响,行动懒洋洋",推进中介组织公平参与市场竞争,为市场增添更多活力。

根除行政思想是红顶中介摘帽的关键

傍着行政权力的大腿收钱、退休官员"就业旋转门"……种种陋习乱象令行业协会商会饱受诟病。近日,中共中央办公厅、国务院办公厅印发《行业协会商会与行政机关脱钩总体方案》,提出积极稳妥推进行业协会商会与行政机关脱钩。撕掉其行政化标签容易,彻底推动其根除行政思想,遵循市场规律运作,才是推动其回归本色的关键。

改革开放以来,身处市场与政府之间的行业协会商会如雨后春笋般发展。在上世纪80年代末,国内行业协会商会尚不足千家,2014年底已增至近7万家。数量与增速位居各类社会团体之首。在反映会员诉求、参与相关产业政策制定、加强行业管理自律等方面,行业协会商会的确发挥过积极作用。

然而近年来,一些行业协会商会"戴市场的帽子、拿政府的鞭子、收企业的票子",令群众怨声载道。一边是政府部门简政放权以增强社会活力,一边却是不少行业协会商会与政府部门继续纠缠不清,令行政权力体外循环,更为权力寻租、腐败滋生大敞方便之门,落得企业喊苦、公众不满、政府头疼,环评中介"卡着环保吃审批,戴着红顶赚黑钱"就是其中的显例。

除弊治疴势在必行。行业协会商会的真正生命力不在于紧抱权力不放,而是应该明确定位,敢于自我革新,增强对会员服务的质量和水平,这才是找回存在价值、获得更大发展的关键,进而成为行业领域的代言人、行业规范的监督者、政府产业政策的智囊团。

"让行政的归行政,让市场的归市场"。浓厚的行政化色彩实际对行业协会商会发挥潜力也形成了制约。行政力量的庇护让行业协会商会吃喝不愁,但同时也让其作风虚化、功能退化、机制僵化。只有将管办分离、职能分离、财务人事两独立落到实处,行业协会商会才能告别权力部门化、权力利益化,在市场的风浪中去强筋壮骨。

行业协会商会"脱钩"并不意味着"脱缰"。在去行政化过程中,有效监管仍不可或缺。推动行业协会商会按照现代社会组织的要求去完善制度,推动管理信息公开,提高财务透明度,加强自律与公信力,才能防止旧疾复发,真正成为政府职能转移的重要承接力量,成为政府与市场间激发市场活力、鼓励社会创新的可靠桥梁。

"红顶中介"高收费 工程验收看"货源"

——揭秘城市地下停车场建设中的腐败

目前，地下停车场是城市新建小区的标配，其中大部分属于人防工程，在设计、施工、验收过程中要经人防部门审批。不少开发商反映，在审批过程中，施工图纸必须到指定中介机构审查，价格比市场价翻番；停车场安装的密闭门，即便邻省同型号产品便宜数千元也无法采购使用；额外增加的成本最终转嫁给消费者。

"新华视点"记者调查发现，尽管各地在大力清理各类协会、中介违规行为，但在人防领域，行政审批转移给"红顶中介"形成市场垄断的现象仍未能有效治理。

据了解，在人防工程审图、设备生产安装等方面，国家人防办将作出系列政策调整。

通过中介垄断市场，"价格高得离谱"

根据人民防空法，城市新建民用建筑，应按规定修建战时可用于防空的地下室；人民防空工程建设的设计、施工、质量必须符合国家规定的防护标准和质量标准。

一些房地产项目负责人表示，地下停车场由于综合利用效益最高，成为民用人防工程的主要形式。因其涉及人防安全，建设需经审批可以理解，但在施工审图、设备采购方面，却因中介垄断价格高得离谱。

南京一家房地产企业基建部负责人介绍，一般建筑每平方米的施工图设计价格为12—15元，审图1.5—2元；设计人防工程施工图必须到指定机构，价格分别高达每平方米30元和5元以上。"一个上千平方米的地下停车场，光施工设计和审查环节就多支付数万元，企业根本没得选。"

同时，一些地方地下停车场人防设备采购受到行政干预。记者在广西人防办公布的一份人防工程设备价格信息表上看到，地下停车场常用的密闭门，价格在3900元—9万多元。与湖南、浙江等地同时期公布的价目相比，有些同型号设备单价高出上千元至6000多元。然而，外省合格的设备即便价格再优惠，也无法跨省跨地采购使用。

一些建筑项目负责人介绍，这些密闭门就是钢板中放钢筋混凝土，有统一的国家标准，但有些地方却发文要求必须在指定的几家生产企业采购。广西一家房地产项目负责人说："验收是否合格，不看质量看货源，货源不对质量达标也不行。"

广西、浙江、河北等地近期查处的多起人防领域贪腐案件显示，不少地方人防部门通过下设协会等组织，垄断工程设计、图纸审查、设备采购领域，从中牟利。

去年底，浙江温州市人防办原副主任吴坚正因职务犯罪被查处。吴坚正供述称,通过把人防部门职能移交给下属公司、中介来承担,垄断人防市场运作。据了解,温州市人防办下设的温州民防协会负责温州所有人防相关工程的施工图审查工作;负责当地地下工程图纸设计的一家设计咨询公司,民防协会在其中占股85％。温州地下停车场的施工图纸设计和审查被这两家机构包揽。

温州市人防办还曾专门出台文件,禁止外地人防设备产品在温州销售。作为回报,当地生产企业销售的每批产品,均按产品备案合同金额的1％给予温州民防协会服务费。

收费减免验收寻租,贪腐窝案高发

记者梳理发现,近两年,新疆、贵州、宁夏三个省级人防部门的一把手被调查,十多个地市的人防办负责人因贪腐违纪落马。浙江温州、河北保定查处的人防系统窝案,涉案人数达20余人。这些贪腐案件的问题主要集中在:

——易地建设费随意减免。根据人民防空工程建设管理规定,因地质、地形等原因不宜修建防空地下室的,经人防部门批准可以不修建,但必须按标准缴纳易地建设费,实施收支两条线管理。除国家规定的保障房建设等项目外,任何部门和个人无权批准减免易地建设费。

贪污受贿800多万元的新疆人防办原主任朱信义,滥用职权发放自制的《人防工程缓建证》,导致人防工程易地建设费少收上亿元。他还和下属用收缴的易地建设费建立小金库,以专家费、福利费等名义贪污上百万元。

——花点钱就能通过验收。地下停车场等人防工程经人防部门验收合格后,商品房才能办理产权证。一位房地产商说,防空地下室的通风、采光、封闭、蓄水等指标很多,企业花点钱、疏通一下,就能很快通过验收。

今年初,广西柳州人防办原主任成东桥受贿被查处。办案人员介绍,成东桥涉嫌受贿数百万元,当地房地产开发企业几乎没有敢不给他送钱的,"甚至有开发商被恶意刁难,最终不得不退出柳州市场"。

——工程招标按比例拿回扣。不少人防工程建筑面积大、建设造价高,人防部门对工程招投标具有较强话语权,成为投标企业重点拉拢对象。江苏徐州人防办原主任郭充生,就曾采取串标、围标等方式,帮助一家企业先后中标3个工程。他则按照工程造价2%的比例收取回扣,仅此受贿200多万元。

"红顶中介"应系统清理

记者采访了解到,目前,国家人防办正在推进人防系统简政放权工作,并将深化人防建设领域市场化改革作为重要内容。据介绍,国家人防办已明确,按照公平开放透明的市场规则运行,

长期以来,人防领域在行政审批改革、中介机构清理等方面推进迟缓,甚至形成地区性市场垄断,极易滋生腐败。
——南开大学周恩来政府管理学院教授 徐行

实行统一的市场准入制度，鼓励各类市场主体依法平等参与人防建设，努力形成统一开放、竞争有序的现代人防建设市场体系。

国家人防办官网近日发布公告，决定即日起暂停人民防空工程施工图设计文件审查资格审批，暂停受理人防专用设备生产安装企业从业能力申报工作。这意味着在人防工程审图、设备生产安装等方面将作出相应政策调整。同时，国家人防办正在加紧制定《人防系统深化简政放权，加强事中事后监管的意见》，明确人防工程施工图审查管理等措施办法。

业内人士和专家建议，针对常规的民用建筑建设的地下停车场等防空工程，应系统清理人防领域的"红顶中介"和各类"红头文件"，推动人防工程设计审图、设备采购等业务向市场放开，破除行政干预形成的地方壁垒。

中南财经政法大学社会发展研究中心主任乔新生表示，对于民用人防领域建设，应将工程建设标准、易地建设收费标准、行政审批流程、项目招投标等政务向社会公开，增加透明度，接受社会监督。

专家表示，针对易地建设费违规减免、缓缴，应建面积"缩水"等突出问题，应适时采取专项检查、专项审计等方式，对人防领域收费、罚款等资金收缴、开支等进行重点检查，完善对人防领域资金管理的刚性约束，遏制围绕寻租产生的各类任性审批与执法。

4. "晒权力"打造法治政府

——聚焦全面推进政务公开

政务公开的路径已确定,蓝图也已画好,如何将这项工作按照要求和规划做好,还应仰赖社会和媒体的监督。不断加强信息公开的力度、拓宽范围,消除权力任性的空间,则"阳光政府""法治政府"皆可期。

"晒权力"打造法治政府
"公众参与"促有效施政

——透视全面推进政务公开

全面推进政务公开，让权力在阳光下运行。2016年2月印发的《关于全面推进政务公开工作的意见》对政务公开的意义、内容、程序、目标做了明确规定，为打造法治政府、创新政府、廉洁政府和服务型政府提出可行办法。

为什么公开：让群众看得到、听得懂、能监督

牵一发而动全身。"晒权力"为打造法治政府奠定基石。

公开透明是法治政府的基本特征。意见提出，全面推进政务公开，让权力在阳光下运行，对于发展社会主义民主政治，提升国家治理能力，增强政

政务公开　　　　　新华社发　张越　作

府公信力执行力,保障人民群众知情权、参与权、表达权、监督权具有重要意义。

"在治理能力现代化的过程中,政务公开是一个非常重要的路径,通过政务透明倒逼行政体制改革提升。"社科院法学研究所研究员吕艳滨说。

专家观点

公正不仅应当实现,而且应当以看得见的方式实现。也就是说政府做对了事,而且要以大家看得见的方式做对,让大家理解。

——国家行政学院法学部教授 杨伟东

党的十八大提出到2020年基本建成法治政府,十八届四中全会对法治政府提出了指标体系,其中有一条就是公开公正。

让政府运行更公开透明,是政府取信于民的一个基础。

党的十八大以来,政府在创新社会治理、推进依法行政上一直大有作为。从一批批行政审批事项取消和下放,到推行"权力清单""责任清单",政府"法无授权不可为"的理念日益深入人心。

随着政府自身改革的不断深化,结合简政放权、权力清单制度的推进,政务公开成为改革新需要。但目前,与建设法治政府的要求相比,仍存在公开理念不到位、制度规范不完善、工作力度不够强、公开实效不理想等问题。

吕艳滨说,通过"让权力在阳光下运行"是一种倒逼机制,将政府的一言一行都"晒"到老百姓面前，以前管理过程中的不规范就能得到根本扭转。

随着互联网技术的应用和发展，社会对政务公开工作产生新的需求，也为政务公开工作提供了新的技术环境，是转变党风、政风、工作作风、反腐的需要。

政务公开也是防止腐败的有效途径。"阳光是最好的防腐剂。只有透明了，腐败才会越来越少。"杨伟东说。

公开什么：权力运行全流程、政务服务全过程

河南漯河市郾城区最近对村级权力列了一个清单：从村庄规划到低保申请，从集体资产处置到盖章出证明，这份包含27项村级小微权力的清单通过上墙、入户、筛网在当地家喻户晓。

"村干部能干什么、不能干什么？清清楚楚，不能再揣着明白装糊涂了。村民有事儿找谁办、如何办？从雾里看花到明明白白。"郾城区纪委书记刘少宏说，郾城区通过村级权力阳光运行一年多来，信访量同比下降67%。

村一级的郾城区通过政务公开扣好了"小微"权力的第一粒"扣子"。全国各级政府部门都须"坚持以公开为常态、不公开为例外"，把权力放在阳光下"晾晒"。

意见提出，到2020年，政务公开工作总体迈上新台阶，依法积极稳妥实行政务公开负面清单制度，公开内容覆盖权力运行全流程、政务服务全过程。

清华大学公共管理学院教授孟庆国说，意见的出台让政务公开的内容更加深化、系统、全面，同国家治理体系、依法治国相结合。其大目标是合理的，但由于我国各地区发展差异大、不同部门工作性质各有特点，很难实现统一齐步走，所以实现目标的方式、路径要有所区分。

杨伟东说，政务公开的焦点和难点在于决策信息公开。决策信息公开早了，可能决策本身起不到效果；公开不够，公众可能觉得政府没有听取意见。其"度"的把握，在未来可能需要进一步细化。

意见提出，把公众参与、专家论证、风险评估、合法性审查、集体讨论决定确定为重大行政决策法定程序。

"将决策程序定为刚性原则，决策过程并不是单向的过程，而是双向的、互动的、多方参与的过程。如果不符合法定程序，将成为违法决策。"杨伟东说。

从末端公开到决策全过程公开，在决策形成前打开"天窗"有效保障人民群众知情权、参与权、表达权、监督权。除了行政决策公开，意见还提到执行公开、管理公开、服务公开、结果公开和重点领域信息公开等五个方面。

孟庆国说，值得关注的是，推进管理公开中提到推行行政执法公示制度。这是中央文件中第一次提出推行行政执法公示制度，与政府的一系列改革一脉相承。"不仅要制定权力清单表，还要公开这些权力是如何执行的，权力不仅仅是一个表、一份单，更是一张网。"

如何公开:"互联网+政务"扩大公众参与

"希望能进一步优化互联网相关的行政审核流程。如网站备案审核,目前国内网站备案审核是 20 个工作日内完成,希望能优化审核流程,缩短时间等,给创业者降低时间成本。"这是中国政府网"我向总理说句话"

"借力扬帆" 新华社发 程硕 作

栏目里一位网友的留言,下面紧跟着工业和信息化部的回复。

回应群众关切,推动政策落实。这一做法正是推动政务公开的典型案例。我国已进入信息化时代,技术的进步和信息的爆发式增长为政务公开提供了更多的便利,也提出了更高的要求。

"目前政府公开的信息大部分局限于事务性和程序性的,同时在公开中对国家重大文件、政策的解读较为生硬,不够接地气。"孟庆国说。

这个意见明确,以社会需求为导向,以新闻媒体为载体,推行"互联网＋政务",扩大公众参与,促进政府有效施政。在政策解读方面,意见提出,注重运用数字化、图表图解、音频视频等方式,提高政策解读的针对性、科学性、权威性。

除了加强数据公开和政策解读,公众参与和互动是政务公开的关键。

"传统的公开还是自上而下的,'互联网＋政务'则是双向度、交互性的。"孟庆国说,最好的政务公开方法就是"互联网＋政务"。

2015年12月公布的全国政府网站普查结果显示,部分网站服务不便捷,互动功能缺失,一些网站结构混乱、功能不便使用,给公众查找政府信息、网上办事带来较大困难。未来,随着管理水平和服务意识的提高,政府网站以及微博微信、移动客户端等新媒体,将成为各级政府提升治理能力、推进"互联网＋政务"的重要平台。

值得注意的是,此次意见提出,通过政务公开让公众更大程度参与政策制定、执行和监督,汇众智定政策抓落实。

杨伟东认为,扩大公众参与度需要建立反馈机制,要告诉群众意见有没有被采纳,如何落实。如果只有参与而没有反馈,则会挫伤群众的积极性。反馈机制既是对公众的尊重,也是后续参与的有效激励机制。

为了保障政务公开落到实处,意见明确要加强考核监督,把政务公开工作纳入绩效考核体系,加大分值权重。鼓励支持第三方机构对政务公开质量和效果进行独立公正的评估。

让群众看得到、听得懂、能监督

——全面推进政务公开 10 条"干货"

中共中央办公厅、国务院办公厅 2016 年 2 月印发《关于全面推进政务公开工作的意见》，提出让群众看得到、听得懂、能监督，促进政府有效施政。记者梳理了其中的 10 条"干货"。

【大目标】到 2020 年，政务公开内容覆盖权力运行全流程、政务服务全过程。

【实行重大决策预公开制度】把公众参与、专家论证、风险评估、合法性审查、集体讨论决定确定为重大行政决策法定程序。实行重大决策预公开制度，在决策前应向社会公布决策草案、决策依据，通过听证座谈、调查研究、咨询协商、媒体沟通等方式广泛听取公众意见，以适当方式公布意见收集和采纳情况。

【推行行政执法公示制度】全面推行权力清单、责任清单、负面清单公开工作，建立健全清单动态调整公开机制。推行行政执法公示制度，各级政府要根据各自的事权和职能，推动执法部门公开职责权限、执法依据、裁量基准、执法流程、执法结果、救济途径等，规范行政裁量，促进执法公平公正。

【公开民生资金等分配使用情况】重点围绕实施精准扶贫、精准脱贫，加大扶贫对象、扶贫资金分配、扶贫资金使用等信息公开力度，接受社会监督。

【推动政务服务网上办理】把实体政务服务中心与网上办事大厅结合起来，推动政务服务向网上办理延伸。

【推进政府数据开放】加快建设国家政府数据统一开放平台，制定开放目录和数据采集标准，稳步推进政府数据共享开放。支持鼓励社会力量充分开发利用政府数据资源。

【主官要当好"第一新闻发言人"】遇有重大突发事件、重要社会关切等，主要负责人要带头接受媒体采访，表明立场态度，发出权威声音，当好"第一新闻发言人"。

【探索互联网＋政务】搭建政民互动平台，问政于民、问需于民、问计于民，增进公众对政府工作的认同和支持。充分利用互联网优势，积极探索公众参与新模式。

【建立政务公开负面清单】制定政务公开负面清单，细化明确不予公开范围，对公开后危及国家安全、经济安全、公共安全、社会稳定等方面的事项纳入负面清单管理，及时进行调整更新。负面清单外的事项原则上都要依法依规予以公开。

【政务公开纳入考核】把政务公开工作纳入绩效考核体系，加大分值权重。鼓励支持第三方机构对政务公开质量和效果进行独立公正的评估。

中央再提"政务公开"地方还需哪些"配套"?

实行重大决策预公开制度、推行行政执法公示制度、遇重大突发事件主要负责人要带头接受媒体采访……中共中央办公厅、国务院办公厅2016年2月印发《关于全面推进政务公开工作的意见》(以下简称《意见》),部署全面推进各级行政机关政务公开工作。

从政府信息公开条例到国务院常务会议专题部署,再到中办国办联合发文,中央对信息公开工作的要求不断加强,政务信息公开如何从中央的"要求"走向地方自觉践行的"守则"?

中央再提"信息公开",有何深意?

根据《意见》,要求全面推进政务公开,"要坚持以公开

专家观点

"公开既保障了公众的知情权和监督权,又能形成社会合力来解决问题。"强调要回应公众关切,有现实的针对性。"这是建设法治政府、阳光政府的基本路径"。
——重庆大学新闻学院院长 董天策

为常态、不公开为例外,推进行政决策公开、执行公开、管理公开、服务公开和结果公开。"

《意见》提出,到2020年,依法积极稳妥公开内容覆盖权力运行全流程、政务服务全过程。云南省马龙县委书记贺勇认为,随着"自媒体"和"大数据"时代的到来,信息公开越来越成为社会进步的标志,也是各级政府提高社会治理能力的要求。

十八大以来,中央一方面加大反腐力度,另一方面不断推进依法行政。在暨南大学新闻与传播学院院长范以锦看来,中央再次要求加强政务信息公开,有助于进一步反腐,也顺应了民意。"反腐的力度越来越大,通过进一步公开政务信息,有助于从源头上制止腐败"。

与过去相比,此次要求范围更广、要求更为具体、操作性更强。"以重大决策预公开制度为例,具有制度建设上的意义。"董天策认为,尽管决策是一个很长的过程,但中间的相关方案、进程通过各种形式预公开,听取社会各方的意见,有助于科学决策并减少腐败。

云南一名基层干部表示,中央再次强调信息公开,对各级政府推进这项工作提出了明确的要求。"虽然有压力,但我们要按照中央要求,及时进行信息公开,及时回应社会关切"。

历经多年,一些地方仍在"捂盖子"

从2008年5月起施行的政府信息公开条例到2013年国务院常务会议专题部署,再到中办国办联合发文,信息公开工作不断提速，新闻发布制度在全国范围内建立起来，许多地方和部门还建立了例行新闻发布制度。突发事件发生后及时主动组织新闻发布，逐渐成为各地各部门的共识和普遍做法。

然而，仍有一些地方和部门，事件发生后不是主动地回应舆论关切，而是想方设法拒绝公开信息，要么念"拖字诀"，试图"大事化小、小事化了"，要么搪塞公众和媒体，甚至动用公权力"捂盖子"。

河南郑州煤炭工业（集团）有限公司发生爆炸，直到河南省政府安委会询问时才上报，距离事故发生已经66小时；黑龙江鹤岗矿难瞒报超过30小时，记者采访遭遇推托；山西发生苯胺泄漏并引发重大环境污染，由于缺乏权威信息且处置不及时，造成下游河北邯郸大面积停水并引发公众恐慌；广西镉污染后绕开春节发布信息，公众知情权被忽视。

中国政法大学副校长马怀德认为，虽然各地都在践行政务公开，但推行的力度还远远不够。

在董天策看来，中央再次发文要求政务信息公开，说明一些地方信息公开做得不好，甚至有回头的倾向。云南一名宣传部门负责人也告诉记者，遇到重大突发事件或者社会关切问题时，一些领导容易存在侥幸心理，怕事情公开后会扩大影响，进而影响自身前程。

如何让信息公开从中央"要求"变成地方"自觉"？

专家认为，一些地方"捂盖子"主要有两方面原因："家丑不可外扬"的思想根深蒂固。而一些地方甚至仍停留在"应对"的思维上，控制的观念强烈；从管理体制上说，"稳定"在相当长时间内被放大，很多时候往往不作为没关系，而出了事可能就官位不保。

"主要领导要以勇于担当的精神，在第一时间领导和组织发布真相和信息公开，满足公众知情权和媒体报道权。"贺勇认为，领导干部应该淡化官员意识，主动与媒体沟通，向大众通报情况。

"有些地方、有些部门还是存在问题，督促一下就公开一下，感觉在'推着走'。"云南省曲靖市政府新闻办主任全恩德认为，关键在于形成硬性约束的机制。对此，《意见》明确要求强化激励和问责，把政务公开工作纳入绩效考核体系，信息公开成为各级政府的硬性要求。

接受采访的专家和基层干部认为，要让政务信息公开变成各地各部门都自觉遵守的规定，"想公开、快公开、真公开"。"要抓住那些'不公开''假公开'的典型案例，进行曝光和惩处，让试图掩盖真相的人感到紧迫感和压力。"范以锦说。

媒体应该回归本性，除第一时间报道信息外，还应通过深度报道和评论来引导舆论，不能只讲正面，而是要与舆论监督结合起来。

——重庆大学新闻学院院长　董天策

董天策认为，信息公开建设还应充分发挥媒体和公众的作用，形成有效的互动反馈机制。

政务公开莫成"熟悉的陌生人"

循着依法治国的轨迹，中央在政务公开上再度发力。中共中央办公厅、国务院办公厅2016年2月印发《关于全面推进政务公开工作的意见》，勾画了政务信息公开的路径和蓝图，包括纳入考核体系、鼓励支持第三方评估、强化激励和问责等，并提出到2020年"政务公开内容覆盖权力运行全流程、政务服务全过程"。

政务信息公开并非新名词。作为打造"法治政府""阳光政府"的基本途径，政务信息公开以其提高决策的透明度、提升公众的参与度、防止权力腐败和不当行使等诸多作用，备受社会各界期待。

然而，在一些方面普通公众对于政务公开的获得感却并不强。政务网站大唱"空城计"，政务微博成"面子工程"，政府人员一句"我不知道"或"不便公开"，让你心中有气却无可奈何。很多时候，政务公开仿佛成了"熟悉的陌生人"，可见而不可即。

重大爆炸事故隐瞒遇难人员不报、自来水出现异味30小时内不见任何权威消息、民警摔婴事件被"捂"一个月……许多地方和部门公开不透明、解释不到位，恰恰为诸多猜测、谣言、怀疑留下了生长环境。

近年来，公众对住房、安全、环保等民生方面的信息公开诉求亦与日俱增，信息公开理应成为常态。无数次的事实都证明了"真相粉碎谣言"的道理，越是公开透明，越有助于解决问题。一些地方对信息公开"叶公好龙"，工作出现停滞甚至"走回头路"等情况，与社会的发展和政府工作的要求背道而驰。

从《关于进一步推行政务公开的意见》到《中华人民共和国政府信息公开条例》，从《关于深化政务公开加强政务服务的意见》再到《关于全面推进政务公开工作的意见》，中央多项动作，足见对政务信息公开工作的重视。尤其是"负面清单制度"，对不予公开和必须公开的事项都作了原则性的要求。有了制度上的约束，才能防止在操作层面上的"任性"。

《关于全面推进政务公开工作的意见》还要求主要负责人当好"第一发言人"，强调重大突发事件和重要社会关切的权威发布。应该以此为契机，形成对政务公开的有效倒逼，同时应警惕一些地方和部门以"你找第一发言人"为理由，拒绝社会和媒体的信息诉求。

政务公开的路径已确定，蓝图也已画好，如何将这项工作按照要求和规划做好，还应仰赖社会和媒体的监督。不断加强信息公开的力度、拓宽范围，消除权力任性的空间，则"阳光政府""法治政府"皆可期。

一些网站日访问量只有个位数

——部分基层政府"僵尸网站"调查

国务院办公厅近日通报今年一季度对全国607个县级以下政府网站的抽查结果,不合格率达18.5%。2015年我国首次对政府网站进行普查,421个不合格网站中83%集中在县级以下。今年一季度的抽查结果依然反映出同样的问题。

长睡不醒　　　　　　　　新华社发　朱慧卿　作

"新华视点"记者调查发现,更新不及时、信息不准确、互动不回应、服务不实用是基层政府网站的顽疾,有一些网站访问量极低,几乎成了可有可无的"空壳"。

有网站连续多次抽查不合格

记者调查发现,一些基层政府网站使用率较低。记者11日17时打开河南日前通报的一家不合格网站"孟津县水务局"发现,该网站当日访问量只有3人次,4月份总访问量只有93人次。类似情况还有:周口公安局网站13日访问量152人次,延吉市环境保护局访问量仅3人次。

河南省政府办公厅近期对全省政府网站进行了抽查,通报结果显示,共抽查网站216个,发现不合格网站119个,不合格率55%,其中117家是市县乡基层政府网站,杞县公共资源交易网等10家政府网站连续多次抽查不合格。

"僵尸网站" 新华社发 大巢 作

2015年3月起，安徽按照国务院要求开展政府网站普查，截至目前，已关闭各级各类政府网站1938家，其中大部分为基层政府部门网站。

辽宁省近日印发《关于全面推进政务公开工作的实施方案》，提出取消县级政府部门、乡镇政府、街道办事处网站，将其功能整合到县级政府门户网站；取消信息量小、无专职人员更新维护的市政府部门网站，将其功能整合到市级政府门户网站。在第一次全国政府网站普查中，辽宁有17家政府网站因信息不更新、服务不实用、互动不回应等问题被通报批评。

采访中有群众反映，政府网站子栏目很多，站内信息搜索功能非常重要。但链接数量少、搜索功能不稳定、难以精准满足用户需求等问题，阻碍了很多人从政府网站上获取有效信息。更有甚者，河南省罗山县政府门户网站等一些基层政府网站没有设置搜索栏。

记者调查发现，一些基层政府机构利用网站开展工作较少。"农户遇到种植等方面问题更多的是电话咨询，技术员一般也是现场指导。"广西一市属农业部门网站相关负责人说，有时候民众在基层政府网站上办事不方便，宁愿选择上门现场办事。

有网站整改后"最新新闻"仍停留在2014年

记者调查发现，被通报的基层政府网站有一些长期存在的共性问题：

——更新慢，内容有误。去年第一次全国政府网站普查发现，青海省格尔木市国土资源局等网站空白栏目数超过20个；山西省泽州县林业局、辽宁省建昌县教育局网站个别栏目7年未更新。

在今年一季度的全国抽查中，黑龙江某网站因没有开通互动平台被认定为不合格网站。记者11日打开该网站发现，其"最新新闻"栏目的最近更新仍停留在2014年，一些信息存在明显问题。比如，国家早在2015年初就在东北地区取消玉米临时收储政策，但在"最新新闻"栏目里，一条消息赫然在列："国家继续在我省实施玉米临时收储政策。"

——与群众互动敷衍，频现"神回复"。福建霞浦县政务服务平台今年3月份在交流板块中回复网民咨询称："请把我局第一次回复内容读三遍，若还不理解，最好屈尊到户籍窗口咨询为宜。"

这样的"神回复"并非个例。"40年后，我们是不是还存在这个世界，不要考虑太长远了。"四川某市国土资源局针对当地商品房为何只有40年产权的问题，在网站上曾经这样回复群众咨询。

——无效信息多，实用性不强。记者在多个乡镇政府网站发现，便民服务栏目中大多是电影、天气等在其他平台也可以看到的信息，而涉及百姓具体办事的实用事项却普遍缺失。

福建省发布的2015年度全省政府网站绩效考核结果显示，83个县市政府网站"网上办事"考核一项满分分值为31分，低于 5 分以下的达 18 个，最低得分不到 1 分。

公众体验应是重要评价标准

"政府网站的定位应是为民服务的窗口。"国家信息化专家咨询委员会委员宁家骏认为，政府网站不仅要追求"面子"好看，更要注重"里子"实用。福建泉州市某县一副县长说："让政府部门及时公开政务信息，方便群众办事，同时加强政府与公众之间的信息互动，应该是政府网站建设的基本功能要求。"

现实却不容乐观。调查发现，目前在政务信息建设方面，存在质量逐层递减的情况，基层政府资源相对较少影响了网站质量。"现在负责网站维护的只有 2 个人，且都不是专职人员，在维护时间、业务水平和技术能力等方面存在一定困难。"广西一家基层政府网站负责人说，相对于省市级政府网站，基层的办站条件比较差。

中国社会科学院政治学研究所副研究员刘山鹰认为，基层政府网站频频出现问题，还有一个很重要的原因是缺乏监督。"群众发现网站不好用，找谁投诉？谁来督促他们改进？很多人并不知道。"一些地方建设网站多是应付上级检查，有一些信息还不愿意公开，这是典型的懒政怠政。政府网站主要是为公众服务，建得好不好，公众体验应该是最重要的评价标准。

"政府在网络领域的反应能力折射的是执政能力。"北京大学社会学教授夏学銮说，根据中办、国办今年 2 月印发的《关于全面推进政务公开工作的意见》，政府网站应打造成更加全面的信息公开平台、更加权威的政策发布解读和舆论引导平台、更加及时的回应关切和便民服务平台。

夏学銮等专家建议，治理基层政府网站乱象需要在全面摸底基础上，建立健全相关管理制度，强化监督问责机制，让公众参与到监督中来，倒逼基层政府加强信息公开和网站建设。

5. 以市场化改革做强做优做大"全民财富"

——聚焦国企十项改革试点

政务公开的路径已确定,蓝图也已画好,如何将这项工作按照要求和规划做好,还应仰赖社会和媒体的监督。不断加强信息公开的力度、拓宽范围,消除权力任性的空间,则"阳光政府""法治政府"皆可期。

国企十项改革试点落实计划首度披露
2016年深化国企改革将抓好"九项重点任务"

国务院国资委、国家发改委、人社部2016年2月25日联合召开发布会对外披露，经国务院国有企业改革领导小组研究决定开展国企改革"十项改革试点"，2016年深化国有企业改革将抓好"九项重点任务"。

据国务院国资委副主任张喜武介绍，目前已有诚通集团和国新公司两家中央企业确定为国有资本运营公司试点企业，后续将根据各项改革特点在央企及地方国企中选择试点企业，试点工作将待试点企业选定及相关条件成熟后陆续展开。

张喜武说，2016年深化国有企业改革将抓好"九项重点任务"：一是尽快完善"1＋N"文件体系，基本完成国企改革顶层设计；二是深入推进"十项改革试点"，在国有企业改革重点

> 国企改革"十项改革试点"包括：
> 一、落实董事会职权试点；二、市场化选聘经营管理者试点；三、推行职业经理人制度试点；四、企业薪酬分配差异化改革试点；五、国有资本投资、运营公司试点；六、中央企业兼并重组试点；七、部分重要领域混合所有制改革试点；八、混合所有制企业员工持股试点；九、国有企业信息公开工作试点；十、剥离企业办社会职能和解决历史遗留问题试点。

落实计划　　　新华社发　朱慧卿　作

难点问题上尽快形成突破;三是以管资本为主推进国资监管机构职能转变,建立国有资产出资人监管权力清单和责任清单;四是分类推进国有企业改革,对中央企业实行分类考核、分类监管;五是加大公司制股份制改革力度,在中央企业集团和子公司两个层面大力推行公司制;六是推进董事会建设,使绝大多数的中央企业建立起规范董事会,完善公司法人治理结构;七是推动中央企业重组调整,压缩管理层级和法人层级,优化国有企业结构布局;八是强化国有资产监督,加强和改进外派监事会工作,防止国有资产流失;九是坚持党对国有企业的领导,在改革中同步推进国有企业党建工作。

过去的2015年,国有企业顶层设计取得重大进展。2015年9月,《关于深化国有企业改革的指导意见》正式发布,11个专项改革意见或方案相继出台,以指导意见为引领、以若干文件为配套形成的"1＋N"国企改革政策体系基本形成。

三部委详解十项改革试点：
试什么？谁来试？怎么试？

国有企业"十项改革试点"落实计划2016年2月25日首度对外披露。国务院国资委、国家发改委、人社部有关负责人25日接受记者采访，解析了试点计划。

【落实董事会职权试点】

【试什么】国资委将向试点企业董事会授予中长期发展战略规划、高级管理人员选聘、业绩考核、薪酬管理、工资总额备案制管理和重大财务事项管理等6项职权，通过试点有效调动董事会积极性，促进董事会作用的发挥。

【谁来试】国资委将在原有试点基础上扩大试点范围，再选择3至5户核心业务处于竞争领域、董事会运作规范有效的企业进行试点。地方国资委可自行确定试点企业数量。

【怎么试】试点工作预计2016年下半年启动。目前，有关方面正在研究制订相关文件，试点企业将按照相关要求制订实施方案。

【市场化选聘经营管理者试点】

【试什么】落实董事会在经理层成员选聘、业绩考核、薪酬分配等方面职权；界定国资监管机构、企业董事会、企业党组织在经营管理者选聘和管理工作中的职责等。

【谁来试】试点工作将在各级履行出资人职责机构直接监管的国有独资、控股的一级企业进行，国资委和各省市将分别选择3至5户企业进行试点。

【怎么试】采取公开遴选、竞聘上岗、人才中介机构推荐等市场化方式，遴选、吸纳一批确有真功夫、市场充分认可的优秀人才到国有企业干事创业。

【推行职业经理人制度试点】

【试什么】在市场化选聘经营管理者试点基础上,探索推行职业经理人制度。

【谁来试】从市场化选聘经营管理者试点的单位中,优先选择2至3户主业处于充分竞争领域的商业类企业试点,同时鼓励中央企业选择部分条件成熟的二三级公司开展试点。

【怎么试】对职业经理人,主要考核经营业绩指标完成情况,实行市场化薪酬,聘任关系终止后,一并解除劳动合同,自然回到人才市场,体现"市场化来、市场化去"的原则。

【企业薪酬分配差异化改革试点】

【试什么】完善国有企业负责人薪酬分类管理制度,建立健全职业经理人薪酬管理制度。

【谁来试】选择处于竞争性行业或领域、已实行或正在试点职业经理人制度的中央企业开展试点,每类企业选择2至3家,数量控制在4至6家,试点人员为市场化选聘和管理的职业经理人。

【怎么试】对市场化选聘的职业经理人实行市场化薪酬分配机制,建立科学合理的业绩考核评价体系。到2020年左右,全面形成与国有企业负责人选任方式相匹配、与企业功能性质相适应的负责人薪酬管理办法和业绩考核评价办法。

【国有资本投资、运营公司试点】

【试什么】试国资委与企业的关系，探索完善的国有资产监管方式；试国有资本如何开展专业化运营，探索有效的国有资本投资运营模式；试国有资本投资运营公司内部如何改革，探索市场化的企业经营机制。

【谁来试】国资委将选择3至5户企业开展国有资本投资公司试点，推进诚通集团、国新公司改组为国有资本运营公司。

【怎么试】国有资本投资公司通过开展投资融资、产业培育和资本整合等，投资和发展国民经济的重要行业、关键领域、战略性新兴产业和优势支柱性产业；国有资本运营公司通过股权运作、价值管理、有序进退等方式，投资、持有和运营国有股权。

【中央企业兼并重组试点】

【试什么】探索中央企业重组整合的路径选择和具体模式；探索企业重组后，实施业务整合、消除同质化竞争、实现提质增效的有效做法等。

【谁来试】国资委将坚持成熟一户、推进一户，兼并重组的力度不减，工作量要加大，成果要体现。

【怎么试】根据国家战略需要，探索在中央企业之间集中优势资源，实施专业化重组、组建股份制公司的有效做法，减少重复投资和同质化发展。

【部分重要领域混合所有制改革试点】

【试什么】在电力、石油、天然气、铁路、民航、电信、军工等领域开展混合所有制改革试点，通过引入非国有资本多元化投资，形成有利于参与市场竞争的治理结构和运行机制。

【谁来试】目前试点遴选工作仍在进行，2016年上半年将确定首批试点企业。

【怎么试】2016年下半年正式启动试点。试点中引资规模要达到一定比例，要引入负责任的积极股东，要依照公司法严格落实混合所有制企业董事会职权。

【混合所有制企业员工持股试点】

【试什么】试点主要探索在什么样的企业实行员工持股，以什么样的方式实行员工持股，员工怎样转股退股等，确保员工持股公开透明，防止利益输送。

【谁来试】2016年计划在中央企业层面选择10户子企业，指导各省市分别选择10户企业开展试点。中央一级企业暂不开展员工持股试点。持股员工应是在关键岗位工作并对公司经营业绩和持续发展有直接或较大影响的科研人员、经营管理人员和业务骨干。

【怎么试】相关文件印发后，将正式启动首批试点。试点将从企业类型、出资入股方式、定价机制、动态调整机制、股权管理方式、持股方式等不同角度探索员工持股的有效模式。

【国有企业信息公开工作试点】

【试什么】促进企业完善公司治理结构，规范企业管理，健全国资监管体系，打造"阳光国企"，防止国有资产流失。

【谁来试】在中央企业中选取部分与社会公众生产生活密切相关的行业企业作为试点，同时在省级国资委中选择1至2个省的省级企业进行试点。

【怎么试】2016年计划在中央企业围绕董事会信息披露、财务信息公开等方面开展试点，指导地方国资委选择若干重点企业试点。国资委将建设统一的国有企业信息公开平台，为中央企业信息公开提供支持，为社会公众查阅信息提供服务。

【剥离企业办社会职能和解决历史遗留问题试点】

【试什么】目前，国有企业仍存在大量办社会职能和历史遗留问题。只有彻底解决这些问题，国有企业才能轻装上阵、建立市场化的优胜劣汰机制、公平参与市场竞争。

【谁来试、怎么试】计划选择2至3户中央企业整体推进所办教育机构深化改革试点，选择2至3个城市开展国有企业退休人员社会化管理试点。

八问国企改革：董事会能否告别"有形无神"？

国有企业"十项改革试点"落实计划 2016 年 2 月 25 日首度对外披露。在"1＋N"文件体系基本形成、改革依然面临诸多难点的背景下，试点被寄予为全局性改革试经验、趟路子的厚望。人们关注的是：通过试点，国企董事会能否逐渐告别"有形无神"？国企薪酬怎么定？哪些国企员工可以持股？……

【董事会"有形无神"？试点将落实管人管事管薪资】

"有形无神"！尽管已有 85 家央企建立规范董事会，但这依然是外界对于国企董事会的评价。一个重要原因在于董事会职权没有得到真正落实。

"管人""管事""管薪资"，即将开展的试点中，企业董事会将获得这些职权。根据计划，国资委将选择试点企业开展落实董事会职权试点，授予长期发展战略规划、高级管理人员选聘、业绩考核、薪酬管理、工资总额备案制管理和重大财务事项管理等 6 项职权。

记者注意到，在国资委前期开展的试点中，已有一些企业获得"选人权"和"管事权"，比如，新兴际华、中国节能等央企实现由董事会选聘总经理或副总经理，江西等一些地方国资委也已开展企业"自主拓展、自主决策、自主经营"等授权改革试点。

【国资监管机构怎么改？或逐步变身"股东"】

管得太多太细，是一段时间以来各方对于国资监管机构诟病最为集中之处。

此番试点一项重要目标是探索国资监管机构与企业的关系，试点计划提出，国资监管机构依法履行出资人职责，主要从战略规划、公司治理、收益回报等方面履行股东职责，而企业将在规划投资、产权管理、业绩考核、薪酬管理、选人用人等方面获得更多自主决策权。

从透露信息看，随着试点开展，国资监管机构将朝着"股东"方向变身，其与国企的关系，将逐步趋近股东与公司。为此，国资监管部门将做重大调整，国资委正在研究制定内部组织机构设置和职能调整方案，将对现有工作机构大刀阔斧地进行调整。

【薪酬怎么定？用人"三轨制"高薪配高风险】

未来，在国企工作，有的人将能拿到市场化的高薪，但与之对应，也将承担"干得不好就走人"的风险。

根据试点计划，国企领导人员用人将采取"三轨制"：组织任命的企业负责人、市场化选聘的经营管理者和职业经理人，对于组织任命的企业负责人实行严格薪酬限制，市场化选聘的经营管理者实现上限调控，而市场化选聘的职业经理人将实行市场化薪酬分配机制。

高薪对应高风险。据国资委有关人士介绍，对于职业经理人主要考核经营业绩指标完成情况，实行市场化薪酬，聘任关系终止后，一并解除劳动合同，自然回到人才市场，充分体现"市场化来、市场化去"的原则。

【国资如何布局？瞄准"命脉"和"民生"】

改组组建国有资本投资、运营公司是完善国有资产管理体制、以管资本为主加强国资监管的一项重要任务，同时肩负优化国有资本布局的重责。

根据试点计划，国有资本投资公司将以服务国家战略、提升产业竞争力为主要目标，通过开展投资融资、产业培育和资本整合等，投资和发展国民经济的重要行业、关键领域、战略性新兴产业和优势支柱性产业。

据观察人士分析，在此轮试点中，国有资本将向"命脉"和"民生"领域集中，国防安全、信息安全、网络安全、粮食安全等"命脉"领域，养老产业、扶贫开发、环境产业等"民生"领域将是国有资本流动瞄准的重要方向。

【谁能持股？员工干得好可持股】

在关键岗位工作且干得好的员工有望持股，分享企业发展红利。备受关注的混合所有制企业员工持股，将在此番试点中实现突破。

国资委有关人士明确表示，将优先支持科技型企业开展员工持股试点，持股员工应符合：在关键岗位工作并对公司经营业绩和持续发展有直接或较大影响的科研人员、经营管理人员和业务骨干。

不过，有关方面对试点范围进行严格规定：中央一级企业、金融、文化等国有企业暂不参与本次试点。试点计划并明确，党中央、国务院和地方党委、政府及其部门、机构任命的国有企业领导人员不得持股，外部董事、监事（含职工代表监事）不参与员工持股。

【国企不透明怎么办？信息公开平台将能查负责人薪酬】

想了解国企负责人薪酬？登录国企信息公开平台即能查询，这样的信息平台，已经提上改革试点议事日程。

根据国有企业信息公开试点计划，国资委将建设统一的国有企业信息公开平台，规范披露国有资本整体运营和监管、国企公司治理以及管理架构、经营情况、财务状况、关联交易、企业负责人薪酬等信息，为社会公众查阅信息提供便利。

【央企重组有何妙招？推"铁塔"模式减少重复建设】

推进中央企业兼并重组，对于解决国有资本布局结构不合理、资源配置效率不高、同质化发展等问题，意义重大。此番试点计划提出要探索中央企业重组整合的有效模式，同时探索企业重组后，实施业务整合、消除同质化竞争、实现提质增效的有效做法。

记者注意到，中央企业在前期兼并重组实践中已初步探索出以铁塔公司为代表的共享竞

落实计划　　　　　　　　　　　新华社发　朱慧卿　作

合模式、以国家电投为代表的产业链纵向联合模式、以中国中车为代表的产业链横向联合模式，其中，铁塔模式在国资系统备受推崇，有望在接下来多个领域企业改革中重点呈现。

由三大电信运营商在2014年7月出资成立的中国铁塔公司，成功实现通信行业资源共享、减少重复建设、提升效率效益，2015年承接三家电信企业建设需求达58.4万个，节约行业投资近500亿元。

【哪些领域试点混改？垄断领域向民资开放：宜改则改】

此番计划明确，将推动电力、石油、天然气、铁路、民航、

电信、军工等垄断领域混合所有制改革试点,并指出通过引入非国有资本的多元化投资,形成有利于参与市场竞争的治理结构和运行机制。

不过,从有关方面透露信息看,这些领域混改将坚持宜改则改、稳妥推进,步子不会太大太急。

据记者了解,试点中将对引资规模以及股东提出一定要求,目前试点遴选工作仍在进行,具体试点企业尚未选定。

部分国有企业改革进展

随着以《关于深化国有企业改革的指导意见》为引领、若干文件为配套的"1+N"文件体系基本形成,一些国有企业在董事会选聘经营管理层、推进授权试点等诸多领域展开探索,一批重大举措落地迈出实质性步伐。

【新兴际华实现董事会选聘总经理】

作为"四项改革"首批试点央企,新兴际华集团在央企中率先实现董事会选聘总经理。集团公司董事会组织了整个选聘过程,其中,董事长、党委书记担任领导小组组长;首席外部董事作为选聘领导小组副组长、考察组组长,具体组织选聘。

不仅如此,新兴际华通过《总经理聘用合同书》实现总经理"身份市场化",其中明确相关权责,使总经理真正成为生产经营的第一责任人,规定总经理考核没有完成年度生产经营利润目标,或者业绩考核在C级以下,有权解除合同,且解除聘用合同后只保留普通员工身份,"岗变薪变、易岗易薪"。

值得注意的是，按照党管干部原则，国资委党委、新兴际华党委和相关企业党委在选聘中，从不同角度重点把关。新兴际华党委在选聘中"管原则、管标准、管程序、管纪律"，方案条款由党委起草，且先通过集团公司党委会审议；国资委党委则从优秀经营管理"人才池"中选取7名人选，推荐给新兴际华董事会，集团公司党委、纪委参与2名差额人选的考察。

【国投公司将70个事项授权所属企业自主决策】

同为试点企业的国投公司，则在授权试点改革方面取得突破。总部通过派出专职股权董事，以公司治理履行出资人职责，行使股东权利，清晰界定总部与子公司的职责界限。除董事长、党委书记、纪委书记和股权董事外，其他授权董事会选聘；除必须保留的股东权利、有外部监管要求的事项，其他事项放权或授权子公司自主决策。

2015年，国投选择所属国投电力进行试点，按照"能放则放、应放全放"的原则，将人力资源管理、薪酬激励、部分融资管理等依法应由企业自主经营决策的事项归位于国投电力；将投资、部分产权管理和重大事项决策等部分出资人权利，授权国投电力董事会行使；将延伸到三级及以下控股投资企业的管理事项，原则上交由国投电力依法依规决策。通过授权改革，将70个事项授权国投电力自主决策。

此外，国投推进总部职能优化改革。按照"重心下沉、激发活力、重组整合、重塑职能"的思路，坚持"小总部、大产业"

原则,全面梳理总部职能,清晰界定总部、子公司的权责界限,建立与管资本相匹配的集团总部管理架构。

【中国铁塔实践"共享竞合"一年节约投资近 500 亿元】

由三大运营商在 2014 年 7 月出资成立的中国铁塔公司,在成立之后便确定了快速形成新建能力、完成存量资产注入和收购、择机上市并实现混合所有制的"三步走"战略。经过一年多的努力,已完成存量资产注入交接,初步形成了以"共享竞合"为核心的铁塔模式,实现资本合作,深化资源共享,优化行业竞争格局。

过去的 2015 年,公司全面承接新建铁塔及相关附属设施,全年承接三家电信企业建设需求 58.4 万个,交付约 48.5 万个,新建铁塔共享率迅速提升到 75%,少建铁塔站址 26.5 万个,节约行业投资近 500 亿元、维护费用近 40 亿元,减少土地占用 13000 亩。

此外,中国铁塔还通过市场化方式收购三家电信企业存量铁塔资产,并同步引入新股东中国国新,实现国有资产的有效增值,目前,中国移动持有 38%股份、中国联通持有 28.1%股份、中国电信持有 27.9%股份、中国国新持有 6%股份。

24家央企上市公司高层薪酬比2014年减少1700万元

——国企薪酬改革调查

近期公布的上市公司年报透露了部分央企高管2015年的"工资单"。"新华视点"记者统计发现,包括中国石油、中国石化、中国铝业、中国神华、中国远洋、中国国航等在内的24家央企上市公司,其董事、监事、高管等企业高层的2015年薪酬总额为2.23亿元,较2014年减少了1700万元。

在中央提出对国企领导人员薪酬分配进行改革的要求下,央企上市公司的实践透露哪些新趋势?

总体突出与业绩挂钩,但仍有企业利润降高层薪酬不降

截至2016年4月13日,沪深交易所已有能源业、制造业、交通运输业、基建业等领域的24家央企上市公司披露了董事、监事、高管的薪酬。

一部分央企上市公司领导被降薪的原因，是因为其同时兼任了集团领导。如中国神华等公司表示，在集团兼职的高管，薪酬发放按《中央管理企业负责人薪酬制度改革方案》执行。据悉，按照规定，由组织行政任命的企业领导，在上市公司的取酬大幅下降。

除此以外，大部分上市公司高层降薪的原因是落实改革要求，将薪酬与业绩挂钩。因此，中国石油、中国石化、中海油服、中国神华、鞍钢股份等经济下行压力相对较大的重化工企业，其领导人员普遍降薪。

尽管薪酬总额下降，但24家央企上市公司中仍有12家公司的薪酬总额增加，近半数公司总经理薪水上涨。这意味着，央企薪酬差异化和结构性变化的特征在明显增强。

记者了解到，受到业绩挂钩的影响，2015年效益较好的发电企业、航空企业由于业绩普遍向好，都上调了高层人员的薪水。华能国际、华银电力、华电国际、桂冠电力、三大航空公司等上市公司，不仅高层整体薪酬上涨，大部分一把手的薪酬也上涨，其中几家电力上市公司总经理涨薪幅度达30%—40%。

不过值得关注的是，有些企业虽然业绩下滑，但高管薪酬却在上涨。如中国远洋、中海集运和一汽轿车这三家公司，2015年净利润分别下滑21.83%、377.88%和64.75%，高层管理人员薪酬总额却分别较2014年上涨47%、88%和7%。其中，2015年以来一直运营压力较大、主营业务亏损的海运行业两大巨头——中国远洋、中海集运，其总经理年薪均达150万元左右。

国企高管薪酬改革实践呈三大趋势

2014年与2015年,中央相继发布《中央管理企业负责人薪酬制度改革方案》《关于深化国有企业改革的指导意见》。记者了解到,中央提出对国企领导人员实行与经营业绩相挂钩的薪酬分配后,目前国企薪酬改革实践呈现以下几个趋势。

——上市公司不再是央企集团领导的"取款机"。此前,部分央企集团领导在上市公司拿高薪、获补贴"较为随意"。自2015年中央有关文件精神落实后,有的国企一级企业领导改从集团拿工资,并被严格考核,收入大幅减少。

从2015年起,根据中央有关文件,在中国东方电气集团有限公司控股的上市公司东方电气,兼任董事、监事的7名集团领导不再从上市公司取酬,而改由从集团领取工资。

——高管薪酬将"先考核,后兑现"。在近期披露的央企上市公司年报中,因考核尚未确定,不少高管此前年度的绩效工资被延后发放。中煤能源称,当期绩效薪金发放比例仅为70%;一汽轿车则明确规定,执行的年薪制包括基础年薪和绩效年薪两个部分,每月只发放基础年薪,绩效年薪依据公司的经营业绩、绩效考核、履职情况等指标确定。

云南铜业是典型案例。由于有色金属行业不景气,作为中国铝业公司系统内的一家上市公司,云南铜业的年报显示,总经理高贵超2015年薪仅为6万元。这被一些网民调侃"还不如一个送快递的"。记者从云南铜业控股股东云南铜业(集团)

有限公司了解到，事实上，高贵超2015年9月才正式上任云南铜业总经理，这6万元是2015年9月至12月的基础工资。他任云南铜业总经理期间的绩效考核奖金应发多少，到目前还没有算出，因此没有发放。

——薪酬考核公开并细化。此前，国企高管薪酬的考核环节一直较为"神秘"和粗放，但近期的年报透露，考核正趋向更公开、细化。

如中石化、大唐集团均表示制定了具体考核办法。大唐集团控股的桂冠电力透露，确定领导人员的报酬要依据10多个考核指标，包括利润总额、经济增加值、发电量、平均电价、电热费回周期和资产负债率等资产经营指标；设备完好率、非计划停运次数和发生责任事故等安全生产考核指标；党风廉政建设和依法治企等指标。

高管降薪会否导致层层降薪？

在对高管考核越来越严格甚至降薪的形势下，国企是否会出现层层降薪的情况？一线职工将受到哪些影响？优秀人才是否因薪酬限制而流失？

2015年以来，我国经济面临下行压力，一些大型央企也面临经营困难。中国神华的年报显示，该公司高层领导薪酬降幅达46%。2015年5月，中国神华公开表示，2015年会按全员工资总额的10%下调职工的薪酬总额，但这一薪酬下降的额度远低于高管。

多家央企上市公司表示，要在薪酬政策上向一线职工倾斜。中煤能源表示，要求各单位在结构调整上下功夫，通过管理人员多降工资，一线职工少降或不降工资，在实现薪酬整体下降的同时，保证职工队伍基本稳定；中国西电表示，要对生产、营销、科研等一线岗位实行工资倾斜政策；中国国航表示，2015年调整了乘务、地面人员薪酬福利标准，进一步体现向低收入群体倾斜，加大对基层、一线岗位人员的工资激励水平，增加乘务人员浮动工资收入。

在向一线职工保障倾斜、防止出现收入分配差距过大的同时，一些完全市场竞争的国企，在用人和薪酬机制上还存在需要克服的障碍。

"目前，国企改革的一个痛点仍是激励机制不明确，内部活力不够，人才流失问题突出。"上海张江高科总经理葛培健说。

东航集团党委书记马须伦说，必须将市场化选聘的人员与现有的国企干部，从管理制度上真正区分开来，才能吸引优秀和专业的人才。

中央在国企改革十项试点中，已提出国有企业用人"三轨制"的改革思路。中国企业研究院首席研究员李锦说，要力争通过3至5年，使绝大部分国企按照职业经理人制度选聘人才，用市场化考核制定相应的合理薪酬。

6. 管资本抓住了改革的"牛鼻子"
——聚焦国有资产管理体制改革

作为国企改革重头戏之一,国有投资运营公司的筹建工作正趋向明朗,国家将加快改组组建一批国有资本投资运营公司,履行出资人职责,并作为国有资本运营的专业平台,从而更好地加强国有资产监管,完善国资管理体制,进一步推进国企整体改革。改革方向转向管资本为主,做到这一点就抓住了国企国资改革的"牛鼻子"。

我国启动新一轮改革"管好"国有资产

国务院于 2015 年 11 月正式印发了《关于改革和完善国有资产管理体制的若干意见》，这意味着我国启动了新一轮国有资产管理体制改革。

刚刚公布的"十三五"规划建议提出，深化国有企业改革，完善各类国有资产管理体制，以管资本为主加强国有资产监管，防止国有资产流失。健全国有资本合理流动机制，推进国有资

启动　　　　　　　　　　　　　　　新华社发　朱慧卿 作

本布局战略性调整。

这份意见是作为《中共中央国务院关于深化国有企业改革的指导意见》配套文件下发的,其中明确了改革和完善国有资产管理体制的逐项举措,强调"以管资本为主加强国有资产监督"。

改革开放以来,我国国有资产管理体制改革以问题推进,国有资产出资人代表制度基本建立,保值增值责任初步得到落实,但国有资产管理体制中仍存在政企不分、政资不分,国有资本配置效率不高等问题。

"改组组建国有资本投资、运营公司"是意见中的一大亮点,同时强调要"明确国有资产监督机构与国有资本投资、运营公司关系,界定国有资本投资、运营公司与所出资企业关系"。

意见还明确将开展两个"试点",即"由国有资产监管机构授权国有资本投资、运营公司履行部分出资人职责试点"和"政府直接授权国有资本投资、运营公司履行出资人职责试点"。

财政部相关负责人说,这意味着今后国有资产监管机构的指令主要通过国有资本投资、运营公司这一平台,通过规范的法人治理结构,以"市场化"的方式往下层层传导,规避政府对市场的直接干预,真正实现政企分来。

财政部数据显示,不含国有金融类企业,截至2015年9月末,中央企业和地方国有及国有控股企业资产总额1171103.2亿元,负债总额776827.6亿元,所有者权益合计394275.6亿元。

权威访谈：管资本抓住了改革的"牛鼻子"

——财政部部长楼继伟谈国有资产管理体制改革

国务院于 2015 年 11 月印发《关于改革和完善国有资产管理体制的若干意见》，这是日前党中央、国务院制定的深化国有企业改革指导意见的一项配套改革。《若干意见》的发布将给国有企业管理带来怎样的变化？围绕社会关注的热点问题，记者 2015 年 11 月 4 日采访了该意见的牵头起草部门、财政部部长楼继伟。

改革方向：从管人管事管资产转向管资本为主

党的十六大以来，我国建立起了中央政府和地方政府分别代表国家履行出资人职责的国有资产管理体制，国有资产出资人制度基本建立，保值增值责任初步得到落实，国有企业有了较快发展。

但在楼继伟看来，现行国有资产管理体制仍存在政企不分、政资不分问题，国有资产监管存在越位、缺位、错位现象。国企巡视中发现的一些利益输送问题表明，国有资产监督机制仍不健全，国有资产流失、违纪违法问题在一些领域和企业仍比较突出，国有经济布局结构有待进一步优化，国有资本配置效率不高等问题亟待解决。

党的十八届三中全会决定明确提出，完善国有资产管理体制，以管资本为主加强国有资产监管，改革国有资本授权经营体制。

楼继伟说，《若干意见》正是落实这一部署、指导国有资产管理体制改革的纲领性文件。改革方向就是从管人管事管资产，转向管资本为主，推动国有资产监管机构转变职能，今后将专司国有资产监管，不再行使政府公共管理职能，不干预企业自主经营权。"做到这一点就抓住了国企国资改革的'牛鼻子'"。

改革看点：将改组组建国有资本投资、运营公司

国有资产管理体制改革完善的一大看点就是将改组组建一批国有资本投资、运营公司，这将改变以往国有资产监管机构直接对所监管企业履行出资人权利的模式，而改由国有资本投资、运营公司对所授权国有企业履行出资人权利，真正形成政府和市场之间的"隔离带"。

两类公司将如何组建？《若干意见》提出，要开展"间接授权模式"和"直接授权模式"的试点工作，积累经验，探索可复制的模式，并最终在国有企业中全面推开。

楼继伟说，通过改组组建国有资本投资、运营公司，推动国有资本授权经营体制改革，是实现管资本为主的重要途径，也是此次改革完善国有资产管理体制的关键所在。

他指出，国有资本投资、运营公司要在足够的空间和领域调整优化国有资本，积极参与国际竞争，就必须具备一定资本规模，同时，户数不宜过多。下一步国资委、财政部、发改委会组织实施由国务院直接授予国有资本投资、运营公司履行出资人职责的试点工作。

最新动向：部分国有资本划转社保基金

提高国有资本配置和运营效率是此次改革的一个重要目的。楼继伟说，《若干意见》着重出台了三项措施：

——政府有关部门制定国家发展规划、产业政策和国有资本收益管理规则。国有资产监管机构根据政府宏观政策和有关管理要求，建立健全国有资本进退机制，制定国有资本投资负面清单；

——按照国有资本布局结构调整要求,建立健全优胜劣汰市场化退出机制,加快国有资本向重要行业、关键领域、重点基础设施集中,向前瞻性、战略性产业集中,向产业链关键环节和价值链高端领域集中,向具有核心竞争力的优势企业集中;

——财政部门将会同有关部门,建立覆盖全部国有企业、分级管理的国有资本经营预算管理制度。同时,在改组改建国有资本投资、运营公司以及国有企业重组过程中,国家根据社会保险精算平衡的需要将部分国有资本(股权)划转至社会保障基金管理机构持有,分红和转让收益用于弥补养老等社会保险资金缺口。

对于部分国有资本充实社保基金,楼继伟表示,主要考虑到实行社会化养老保险制度后,国有企业退休人员养老金和在职职工视同缴费部分,出现资金缺口,如通过增加税收、提高在职人员养老金缴费率方式解决,实际是将这部分负债转移给下一代人,将会出现代际间不公平。

经过长期发展积累形成的国有资本权益是全民共享的财富,将部分国有资本(股权)划转充实社会保障基金,是解决养老金历史负债的重要途径和有效手段。

——财政部部长 楼继伟

五大配套：完善法律配套　解决遗留问题

《若干意见》出台后，亟须协同推进相关配套改革。楼继伟介绍，重点包括五个方面：

——完善有关法律法规。按照立法程序，抓紧启动国有企业资产法有关条文的修改，出台有关配套法规，为完善体制夯实法律基础；

——推动政府职能转变。进一步减少行政审批事项，大幅减少政府通过国有企业行政性配置资源事项。区分政府公共管理职能与国有资产出资人管理职能；

——落实和完善国企重组整合相关税收优惠等政策。切实明确国企改制、重组过程中涉及的债权债务承接主体和责任；

——妥善解决企业历史遗留问题。制定统筹规范、分类施策的措施，并建立政府和国企合理分担成本机制；

——推进经营性国有资产集中统一监管。稳步将党政机关、事业单位所属的企业国有资本纳入经营性国有资产集中统一监管体系，具备条件的进入国有资本投资、运营公司。

"推进配套改革需要相关部门协同推进，共同确保改革顺利完成。"楼继伟说。

拿什么管好巨额国有资本

——三问国资管理改革意见

国有资产代表着全体纳税人的利益。如何管理好巨额国有资产，关系到国之命脉，人民福祉。

"十三五"规划建议明确将"完善各类国有资产管理体制"列入未来五年国企改革任务。2015年11月4日亮相的国务院《关于改革和完善国有资产管理体制的若干意见》，拉开了新一轮国资管理体制改革的大幕。各方关注，这一改革能否啃下"监管"硬骨头替纳税人管好巨额国有资本。

两类新公司"横空出世"能否破除监管顽疾？

"以管资本为主加强国有资产监管，防止国有资产流失"——"十三五"规划建议提出的这一改革方向，正是此次国务院意见的改革核心。

财政部数据显示，不含国有金融类企业，截至2015年9月末，中央企业和地方国有及国有控股企业资产总额已超过117万亿元。如何管好巨量资产是深化国企改革的一道难题。

财政部部长楼继伟说，意见明确的三方面改革举措中，一大重点是推进国有资产监管机构职能转变，改革国有资本授权经营体制，包括改组组建国有资本投资、运营公司。

中国企业研究院首席研究员李锦说，意见当务之急要解决政企分开问题。政府如果管太细，连30万元规模的重组也要审批，企业无法成为真正的市场主体。

"改组组建国有资本投资、运营公司，就好比在政府和企业之间切了一刀，今后国资监管机构以监为主，两类公司以管为主，企业本身经营为主，各归其位，这是改革的关键。"李锦说。

他透露，今后一种方式是改组部分主业突出并具备一定规模、发展前景较好的企业成为行业投资经营公司，如中粮集团试点成为中国粮食投资经营公司；一种方式新成立类似汇金公司模式的投资运营公司，按照市场化方式运营。

在此基础上，国资委副主任张喜武表示，当务之急要做好国资监管机构的自我改革。要科学界定国有资产出资人监管的边界，建立监管权力清单和责任清单，做到该管的科学管理、决不缺位，不该管的要依法放权、决不越位。

"投资负面清单"如何实现国有资本能进能退？

国有资本一个重要使命，是服务国家战略目标。当前，一些国企效益低下，有的甚至成为"僵尸企业"，如何优化国有经济布局结构，更好服务国家战略目标也是此次改革的重点。

楼继伟表示，国企改革涉及国有资本从哪进从哪出的问题，改革提出探索国有资本投资负面清单，核心为了更好提高国有资本配置效率。

党的十八届三中全会决定提出,国有资本投资运营要服务于国家战略目标,更多投向关系国家安全、国民经济命脉的重要行业和关键领域,重点提供公共服务、发展重要前瞻性战略性产业、保护生态环境、支持科技进步、保障国家安全。

"十三五"规划建议进一步明确,要健全国有资本合理流动机制,推进国有资本布局战略性调整,引导国有资本更多投向国家安全、国民经济命脉的重要行业和关键领域,坚定不移把国有企业做强做优做大,更好服务于国家战略目标。

张喜武认为,改革意见为推动国有资本合理流动优化配置奠定了基础。今后要以市场为导向、以企业为主体,有进有退、有所为有所不为,紧紧围绕服务国家战略,优化国有资本布局结构,增强国有经济整体功能和效率。

对于"国有经济是否该从竞争性领域全部退出"的争议,国务院发展研究中心前副主任陈清泰认为,国有资本"应加大对公益性企业的投入,在提供公共服务方面做出更大贡献",但在竞争性领域全部退出既不现实,也没有必要。应与时俱进

专家观点

新的管理体制下,通过退出一批、重组合并一批、创立一批国企等方式,将引导国有资本更多向核心领域和关键行业转移,并通过投资运营公司推动国有资本流动。当前改革难点在于清退一些产能过剩、生产方式落后、创新能力不足、亏损严重的国有企业和"僵尸"企业等。

——中国企业研究院首席研究员 李锦

地改变国有经济功能，由过去看重对产业和企业的"控制"，现在转向专注资本投资收益。

国资划转社保能否缓解养老金缺口难题？

国有资本取之于民，如何更好用之于民，也是此次改革意见的一大看点。

楼继伟介绍，一方面要建立健全国有资本收益管理制度；另一方面在改组组建国有资本投资、运营公司过程中，将部分国有资本划转至社会保障基金管理机构持有，分红和转让收益用于弥补养老等社会保障资金缺口。

李锦说，这是改革回归"国企为民"本意之举。过去国企红利直接用于社会保障等民生领域存在诸多障碍，此次改革缩短了中间链条，让群众直接感受到国企发展的好处。

2015年3月，山东省出台《省属企业国有资本划转充实社会保障基金方案》，在全国率先启动国有资本充实社保金改革试点。该省提出，将全省470余户省属企业30%国有资本一次性转由省社保基金理事会持有。

山东省国资委主任张新文介绍，目前，山东省国资委履行出资人职责的18户省管企业30%的国有资本共计180.65亿元，已划转至省社保基金理事会持有。剩下400多家归属部门管理的国企资产划转工作也正在进行中，预计明年底前完成。

"随着我国进入老龄化社会，社会保障能力建设形势日益严峻。"山东省副省长王书坚说，划转部分国有资本充实省社会保障基金，充分体现国有资本"全民所有、全民受益"的理念，也有助于提高社会保障能力。多元化的股权结构会倒逼国企加快建立现代企业制度，促进国有资本有序流动，增强企业活力，实现国有资产保值增值。

延伸阅读

国有资本投资运营公司开始布局

围绕着国企改革又一重磅配套文件"落地"。2015年11月4日上午,国务院发布《关于改革和完善国有资产管理体制的若干意见》(下称《意见》),就改组组建国有资本投资运营公司等做出"顶层设计"。作为国企改革重头戏之一,国有投资运营公司的筹建工作正趋向明朗,国家将加快改组组建一批国有资本投资运营公司,履行出资人职责,并作为国有资本运营的专业平台,从而更好地加强国有资产监管,完善国资管理体制,进一步推进国企整体改革。值得注意的是,国家下一步将在中央层面开展由国务院直接授权国有资本投资运营公司试点等工作,同时地方政府可以根据实际情况,选择开展直接授权国有资本投资运营公司试点工作。

与此同时,《意见》对于筹建国资运营平台给出了明确路径,主要通过划拨现有商业类国有企业的国有股权以及国有资本经营预算注资组建;或者选择具备一定条件的国有独资企业集团改组设立,同时国有资产监管机构依法对国有资本投资运营公司履行出资人职责,按照"一企一策"原则,明确对国有资本投资运营公司授权的内容、范围和方式,依法落实国有资本投资运营公司董事会职权。而国有资本投资运营公司则对授权范围内的国有资本履行出资人职责,作为国有资本市场化运作的专业平台,依法自主开展国有资本运作。

不少业内专家表示,从管资产到管资本,国资监管体制实质性改革破局。

下一步国企改革的重要方面,就是将原本的国有资产管理架构由目前的两级变为国资监管机构、国有资本投资运营公司和经营性国企三级,真正逐步实现政企分开,将政府和企业剥离开来,以产权管理为纽带,突出国有资本运作,最终实现国资委从"管资产"向"管资本"转变。

——中国企业研究院首席研究员 李锦

李锦告诉记者,国有资本投资运营公司已经开始布局,未来将会在分类的基础上,首先选取一批具备条件的央企试点进行改组,在此基础上形成国有投资运营公司,国资委等政府部门的一些权力将会随之下放。而这样的投资运营平台,将在行业范围内开展股权运营,改善国有资本的分布结构和质量效益,实现国有资本的保值增值。和以往国资委直接管理资产略有不同的是,国有资本投资运营公司与所出资企业更加强调以资本为纽带的投资与被投资的关系,更加突出市场化的改革措施和管理手段。但是不可否认的是,从实际操作层面来讲,无论是成立国有资本投资公司还是运营公司,都需要进一步梳理国有资本,其运作周期较长,因此这项改革思路将有望在2017年最终完成。

改革路径明确的背后,是对与企业市场化经营和国有资本出资人监管之间更为科学的布局。最新出炉的《意见》中强调,尊重市场经济规律和企业发展规律,正确处理好政府与市场的关系,以管资本为主加强国有资产监管,改革国有资本授权经营体制,科学界定国有资产出资人监管的边界,不行使政府公共管理职能,不干预企业自主经营权。

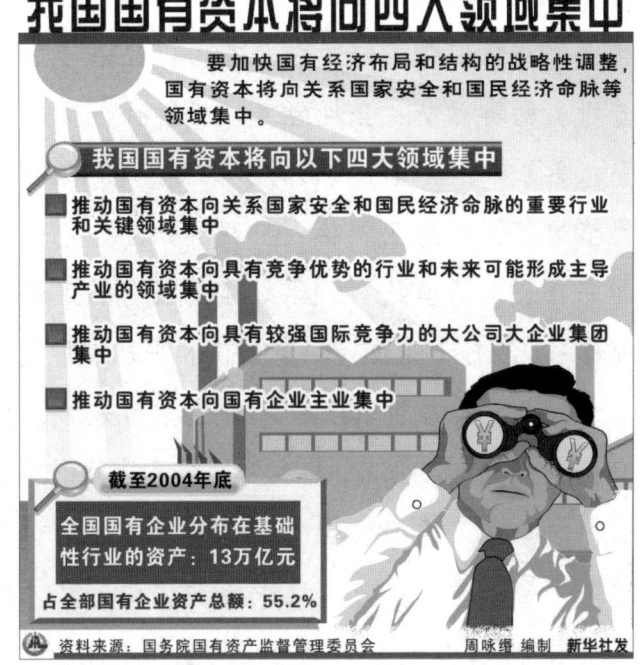

在职责定位上,《意见》指出,要推进国有资产监管机构职能转变,将国有资产监管机构行使的投资计划、部分产权管理和重大事项决策等出资人权利,授权国有资本投资运营公司和其他直接监管的企业行使,将依法应由企业自主经营决策的事项归位于企业。《意见》还进一步明确了国有资产监管重点,要求改进对监管企业主业界定和投资并购的管理方式,加强对

国有资本运营质量及监管企业财务状况的监测，强化国有产权流转环节监管，加大国有产权进场交易力度。按照国有企业的功能界定和类别实行分类监管。改进考核体系和办法，综合考核资本运营质量、效率和收益，以经济增加值为主，并将转型升级、创新驱动、合规经营、履行社会责任等纳入考核指标体系，将国有企业领导人员考核结果与职务任免、薪酬待遇结合，严格规范国有企业领导人员薪酬分配。并强调把加强党的领导和完善公司治理统一，建立健全国有企业违法违规经营责任追究体系、国有企业重大决策失误和失职渎职责任追究倒查机制。

对此，财政部部长助理许宏才曾表示，新组建或改建的国有资本投资运营公司，将成为政府和市场之间的"隔离带"。"今后，国有资产监管机构的指令主要通过国有资本投资运营公司这一平台，通过规范的法人治理结构，以'市场化'的方式往下层层传导，规避政府对市场的直接干预，真正实现政企分开。"许宏才说。他表示，这种方式可以避免在出资人和企业之间叠床架屋和拉长委托代理人链条。不过他亦坦承，现阶段推行上述管理架构仍存在困难，因此将先开展试点，直到形成可复制可推广的经验。

一直以来，国有企业现行管理体制中政企不分、政资不分等问题已经被广为诟病，不少业内人士也认为，健全国有资产监督机制、优化国有经济布局结构，是提高国有资本配置效率、真正实现国企改革的关键所在。

7. 让医改红利更多惠及人民群众

——聚焦城市公立医院综合改革

进入深水区和攻坚期的医改,今年将出台哪些"真刀实枪"的措施,解决哪些看病就医难题?国务院医改办有关负责人及专家解说四大看点。看病就医难题?怎样让医改红利惠及人民群众?以药补医怎么破?药价能不能降?社区医院医生水平如何保证?异地看病可否不用回老家报销?看国务院医改办有关负责人及专家如何解说。

城市公立医院综合改革试点
2017年全面推开
个人卫生支出降至30%以下

国务院办公厅2015年5月17日印发《关于城市公立医院综合改革试点的指导意见》提出，2015年进一步扩大城市公立医院综合改革试点。到2017年，城市公立医院综合改革试点全面推开。

意见提出，公立医院综合改革的基本目标是，破除公立医院逐利机制，落实政府的领导责任、保障责任、管理责任、监督责任，充分发挥市场机制作用，建立起维护公益性、调动积极性、保障可持续的运行新机制；构建起布局合理、分工协作的医疗服务体系和分级诊疗就医格局，有效缓解群众看病难、看病贵问题。

意见提出，到2017年，城市公立医院综合改革试点全面推开，现代医院管理制度初步建立，医疗服务体系能力明显提升，就医秩序得到改善，城市三级医院普通门诊就诊人次占医疗卫生机构总诊疗人次的比重明显降低；医药费用不合理增长得到有效控制，卫生总费用增幅与本地区生产总值的增幅相协调；

群众满意度明显提升,就医费用负担明显减轻,总体上个人卫生支出占卫生总费用的比例降低到30%以下。

意见明确,城市公立医院改革要重点抓好七项任务:一是破除公立医院以药补医机制,建立公立医院运行新机制;二是改革公立医院管理体制,建立现代医院管理制度;三是强化医保支付和监控作用,支付方式改革要覆盖区域内所有公立医院并逐步覆盖所有医疗服务;四是建立符合医疗行业特点的人事薪酬制度;五是构建各类医疗机构协同发展的服务体系,强化上下联动的分工协作机制;六是推动建立基层首诊、双向转诊、急慢分治、上下联动的分级诊疗模式;七是加快推进医疗卫生信息化建设。

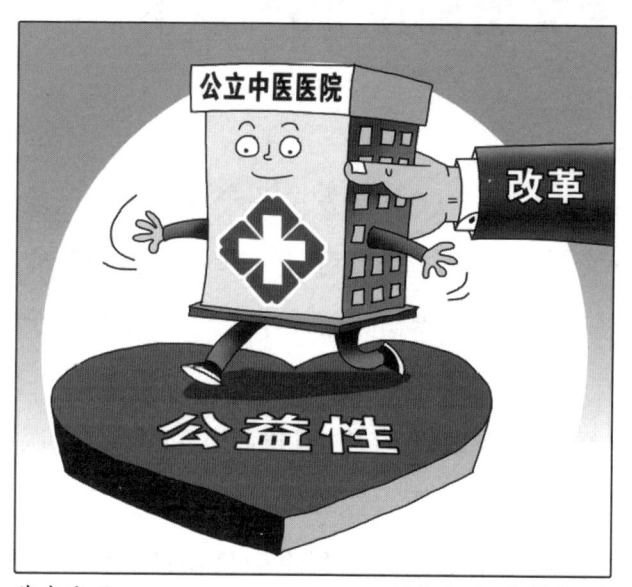

基本定位　　　　　　新华社发 朱慧卿 作

国务院医改办有关负责人介绍,公立医院是我国医疗服务体系的主体。目前,全国各地分布着约6800家城市公立医院。2010年,我国在17个城市启动了公立医院改革试点,2014年试点城市扩大到34个,今年改革试点城市将增加到100个。

公立医院改革　患者能得啥实惠？

——城市公立医院综合改革试点指导意见三大看点

公立医院系统是我国医疗体系的"主力军"。公立医疗体系布局和运行是否合理、公立医院服务是否良好、行为是否规范，直接关系到老百姓的生命健康和就医感受。国务院办公厅日前印发的《关于城市公立医院综合改革试点的指导意见》提出，2015年进一步扩大城市公立医院综合改革试点，到2017年，

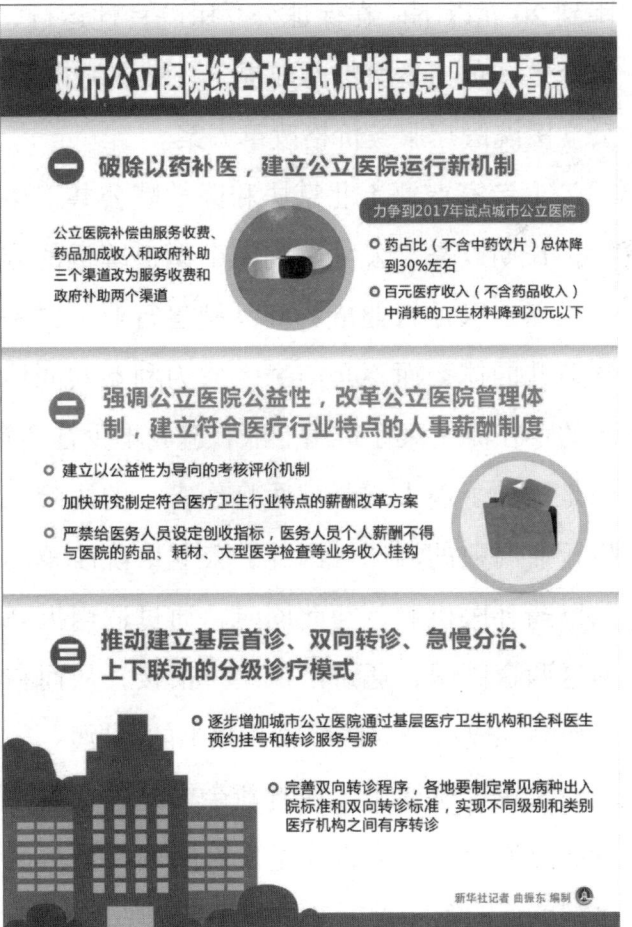

城市公立医院综合改革试点全面推开。公立医院改革将如何改？患者又能从改革中得到哪些实惠？

——破除以药补医，建立公立医院运行新机制。

【改革干货】将公立医院补偿由服务收费、药品加成收入和政府补助三个渠道改为服务收费和政府补助两个渠道。力争到2017年试点城市公立医院药占比（不含中药饮片）总体降到30%左右；百元医疗收入（不含药品收入）中消耗的卫生材料降到20元以下。在保证公立医院良性运行、医保基金可承受、群众整体负担不增加的前提下，试点城市要在2015年制定出台公立医院医疗服务价格改革方案。

【专家点评】北京协和医学院公共卫生学院院长刘远立认为，长期以来，公立医院三个渠道筹资的方式存在若干弊端，一是逼迫医疗行业成为商品销售行业；二是让医院与厂商形成利益共同体，而不是与患者成为利益共同体；三是供方诱导需求的存在促使医疗费用上涨，造成不少社会资源不必要的消耗；四是增加了病人遭受"医疗伤害"的风险；五是提供了容易滋生行业腐败的温床。因此，公立医院改革的最大"手术"是破除以药补医机制，与此同时，通过适当提高服务收费和政府补贴这两道闸门，通过医保支付衔接，从而在一定程度上解决取消药品加成后公立医院收入减少的问题。

【患者感受】江西省新余市是国家第二批城市公立医院改革试点城市。经常带儿子去医院的新余市民肖莉霞是改革后到医院就诊的第一批患者之一。她发现，改革后药价确实便宜了，比如以前卖33元的易坦静现在只要20多元，尽管儿科的专家号和诊疗费比以前增加了9元，但这9元全部由医保报销，所以改革还是让自己减少了开销。

——强调公立医院公益性，改革公立医院管理体制，建立符合医疗行业特点的人事薪酬制度。

【政策干货】建立以公益性为导向的考核评价机制。卫生计生行政部门或专门的公立医院管理机构制定绩效评价指标体系，定期组织公立医院绩效考核以及院长年度和任期目标责任考核，考核结果向社会公开。

根据医疗行业培养周期长、职业风险高、技术难度大、责任担当重等特点，国家有关部门要加快研究制定符合医疗卫生行业特点的薪酬改革方案。严禁给医务人员设定创收指标，医务人员个人薪酬不得与医院的药品、耗材、大型医学检查等业务收入挂钩。

【专家点评】刘远立说，公立医院改革不是要革公立医院的命，更不是要整肃广大公立医院系统的医务工作者，而是要改革制约公立医院发挥其正常社会责任的体制机制，从而让公立医院提供的服务变得更加"公平可及，群众受益"。

【医生感受】"建立符合医疗行业特点的薪酬制度改革，意味着医务人员将能够获取合理合法的收入，从根子上向'红包''回扣'说不"。新余市人民医院儿科主任陈英说，深化编制和人事制度改革，会倒逼医院改进管理和服务，会激励医务人员提升服务水平和态度，从而让患者有更好的就医感受。

——推动建立基层首诊、双向转诊、急慢分治、上下联动的分级诊疗模式。

【改革干货】逐步增加城市公立医院通过基层医疗卫生机构和全科医生预约挂号和转诊服务号源，上级医院对经基层和全科医生预约或转诊的患者提供优先接诊、优先检查、优先住院等服务。到2015年底，预约转诊占公立医院门诊就诊量的比例要提高到20%以上，减少三级医院普通门诊就诊人次。

完善双向转诊程序，各地要制定常见病种出入院标准和双向转诊标准，实现不同级别和类别医疗机构之间有序转诊。

【专家点评】对于目前来说，分级诊疗是一个必选项，不可能跳跃这个阶段。"我们要反思，怎么提高资源配置和使用的效率。"中国人民大学医改研究中心主任、公共管理学教授王虎峰指出，分级诊疗不是一种固定的形式，实际上是一种资源配置使用的状态。在这种状态下，患者应该能够方便就医，基层有能力提供有质量的初级医疗服务。

【患者感受】在成都市蒲江县人民医院血液透析室里，年近八旬、身患糖尿病多年的钟金文刚可以在"家门口"做透析了。过去县医院没有透析机，钟金文只能每周三次赶到70公里外的成都市透析。在实施分级诊疗后，成都市第三人民医院托管蒲江县人民医院，通过人财物"全面托管"的方式，实现优质医疗资源下沉，建立血液透析室。

在钟金文看来，"分级诊疗让自己得到了实惠，看病更方便、不用再跑远路了。"

"硬骨头"这么啃!

——2016年医改四大看点

国务院办公厅 2015 年 5 月 17 日印发《深化医药卫生体制改革 2016 年重点工作任务》。进入深水区和攻坚期的医改,今年将出台哪些"真刀实枪"的措施,解决哪些看病就医难题?国务院医改办有关负责人及专家解说四大看点。

看病:以药补医怎么破?哪些医院不再靠卖药赚钱?

公立医院检查多、药费贵,是百姓看病最头疼的问题,也是公立医院改革着力解决的难点。目前,我国开展公立医院综合改革试点为 100 个。以北京为例,北京友谊医院、朝阳医院等 5 家公立医院试点医药分开改革,取消药品加成,同时设

分开　　　　　　　　　　　　新华社发　徐骏　作

立医事服务费，由医保实时补偿。截至2015年10月，门诊患者的次均医疗费减少54元，次均药费减少83元，住院患者例均医疗费减少1706元。

2015年，公立医院改革还将进一步推开，新增100个城市公立医院综合改革试点。新增试点城市所有公立医院取消药品加成（中药饮片除外）。此外，还将推动10所国家卫生计生委委属委管医院纳入属地公立医院综合改革，研究推动军队医院、国有企业所办医院参与改革。

中国人民大学医改研究中心主任王虎峰教授认为，我国公立医院改革经过近几年的探索，形成了一整套比较完善成熟的改革路径和政策措施。2016年任务非常明确，公立医院改革既有数量上的扩大，也有种类上的增多。今年开始，包括协和医院在内的国家卫计委委属委管医院、301医院等部队医院和企业医院都要参与进来，这说明各式各类的公立医院改革都将推进。

买药：药价能不能降？患者能否自由选择去哪儿买药？

出厂价20多元一盒的药品，医院售价达180多元。类似药品价格虚高的现象普遍存在。有业内人士指出，90%以上的药品都有降价空间。价格在药品流通环节中层层提高，导致患者花费几倍甚至几十倍的价格才能从医院拿到药。

针对这些现象，2016年医改重点工作任务提出，建立药品出厂价格信息可追溯机制，推行从生产到流通和从流通到医疗机构各开一次发票的"两票制"，压缩中间环节，降低虚高价格。

患者可自主选择在医院门诊药房或凭处方到零售药店购药。

"'两票制'是改革药品器械流通领域'价格虚高'积弊的有效手段，减少了药品在流通环节层层倒票加价。"国家卫生计生委卫生发展研究中心研究员应亚珍认为，药品价格的可追溯机制，其实就是要规范生产、流通、供应各个环节的经济行为，实现相关信息的公开透明，最终为挤出价格"水分"提供监管条件。

求医：啥时能拥有家庭医生？社区医院医生水平能否保证？

55岁的张路巧是江苏大丰市斗龙港村居民。作为留守老人，两年前查出宫颈癌后她本想放弃治疗，当地村医得知后，帮她联系上级医院并陪着她做手术，现在恢复得不错。去年，她还与村医签约"医疗服务包"，现在每个月可以接受高血压、糖尿病等慢性病检查，家庭医生还会针对她的健康状况定期回访。

这样的家庭医生，今年将走进更多家庭。2016年，分级诊疗将在70%左右的地市开展试点，在200个公立医院综合改革试点城市开展家庭医生签约服务。到2016年底，城市家庭医生签约服

新华社评论

公立医院改革的核心是回归公益性，但当前分配制度改革滞后、补偿机制不顺等制约改革深化的因素仍然存在。在以药补医的机制下，医院只有多卖药、卖贵药、多做检查、多用耗材才能多挣钱，直接形成群众不满意的"看病贵"现象。从患者身上赚取大部分收入，是公立医院虽然姓"公"，但没有体现公益性的病根。

共"想" 新华社发 徐骏 作

务覆盖率达到15%以上，重点人群签约服务覆盖率达到30%以上。为增强基层医疗机构的服务能力，今年还将试点放开公立医院在职或退休主治以上医师到基层医疗卫生机构执业或开设工作室。

应亚珍认为，分级诊疗制度建设旨在提升医疗服务体系整体效率，真正缓解"看病难、看病贵"问题，家庭医生签约服务是一条实现途径。但这项制度建设不可能一蹴而就，需要多方配合，具备一定条件才能逐步建立完善，如基层服务能力的提升和积极性的调动、医保支付制度和支付标准的协同、群众就医理念的逐步改变等。

报销：异地看病可否不用回老家报销？得了大病能不能多报销一些？

在长沙工作的张大爷退休后回武汉与儿子一起生活。但他的医保关系在长沙，看病得先自己垫付医药费，出院后再把发票等寄回老家报销，费时又费力。和张大爷一样，不能报销或者报销比例低,垫付时间长,一次次跑腿,手续麻烦,成为有异地医保报销需求的人们经常遇到的难题。

2016医改重点工作明确提出:加快推进基本医保全国联网和异地就医结算,建立完善国家级异地就医结算平台,逐步与各省份异地就医结算系统实现对接,基本实现跨省异地安置退休人员住院费用直接结算。到2017年,基本实现符合转诊规定的异地就医住院费用直接结算。实现大病保险全覆盖,让更多大病患者减轻负担。

专家观点

整合城乡居民医保制度,加快推进医保全国联网和异地就医结算等,使医保待遇的'可携带性'更强,群众看病就医更为方便。"建立基本医保、大病保险、医疗救助、疾病应急救助、商业健康保险和慈善救助等多层次的政策,可以发挥多项制度的合力,进一步降低居民就医负担。

——国家卫计委卫生发展研究中心医疗保障研究室副主任 顾雪非

"整合城乡居民医保制度,加快推进医保全国联网和异地就医结算等,使医保待遇的'可携带性'更强,群众看病就医更为方便。"国家卫计委卫生发展研究中心医疗保障研究室副主任顾雪非说,建立基本医保、大病保险、医疗救助、疾病应急救助、商业健康保险和慈善救助等多层次的政策,可以发挥多项制度的合力,进一步降低居民就医负担。

公立医院改革急需一把"公益标尺"

城市公立医院是我国医疗服务的主体,这些医院能否回归公益属性,关系到整个医改的成败。国务院办公厅2015年5月17日印发的《关于城市公立医院综合改革试点的指导意见》提出,城市公立医院建立以公益性为导向的考核评价机制。这有利于摸清当前公立医院公益性存在哪些短板以及如何弥补,落实效果值得公众期待。

长期以来,坚持公益性始终是公立医院改革所倡导的基础方向之一,但对衡量公益性的标尺却一直未形成一致意见。专家和业内人士在"只要是公立医疗机构就具有公益性""只要执行政府定价面向普通患者服务就坚持了公益性""只要提供基本公共卫生服务具有公益属性"等观点上争论不休。这些分歧在一定程度上导致公立医院的公益性改革缺乏标准和目标,公立医院公益性没有得到坚定维护,逐利机制仍顽固存在,改革推进与群众渴求产生了不小的差距。

公立医院改革的核心是回归公益性,但当前分配制度改革滞后、补偿机制不顺等制约改革深化的因素仍然存在。在以药补医的机制下,医院只有多卖药、卖贵药、多做检查、多用耗材才能多挣钱,直接形成群众不满意的"看病贵"现象。从患者身上赚取大部分收入，是公立医院虽然姓"公"，但没有体现公益性的病根。

深化公立医院改革，公立医院急需一把"公益标尺"。此次改革提出，卫生计生行政部门要制定公立医院的绩效评价指标体系，考核指标应该更侧重恢复大医院疑难杂症诊治中心的功能，防止其无度扩张"虹吸"小医院资源；应该引导大医院注重费用控制、减轻患者负担，杜绝为经济利益多卖药、过度检查；应该引导大医院更侧重以病人为中心，提高患者就医满意度等。这些具体指标和指导方向，无疑有利于破除长期以来制约公立医院公益性改革的痼疾。

应该指出的是，在用"公益标尺"评价公立医院公益性、指导公立医院发展时，也需要改革当前公立医院普遍采用的运行机制。一方面改变以药补医现象，切实减轻患者就医负担；另一方面要在降低药品、医用耗材费用的同时，合理调整医疗服务价格，让医务人员的劳动获得合理的收入。在改革中，政府投入责任应该重点落实，以从根本上改变公立医院绝大部分运营费用靠从市场赚取的局面。

公立医院改革怎样突破四道难关?

——对话泰达国际心血管病医院院长刘晓程

尽管"低水平、广覆盖"的全民医保制度赢得广泛赞誉,但百姓"看病难、看病贵",医护人员待遇低、药价虚高等现象依然存在。国务院办公厅2016年4月印发的《深化医药卫生体制改革2016年重点工作任务》提出,医改要进一步突出重点领域和关键环节,增强改革创新力度,进一步推进医疗、医保、医药三医联动。

近年来,位于天津经济技术开发区的泰达国际心血管病医院在公立医院改革中的探索备受业界瞩目。围绕当前改革的

攻坚　　　　　　　　新华社发　徐骏 作

四个突出难点，记者专访了该院院长刘晓程。

医疗服务重心下移　让老百姓看病容易且省钱

问：近年来，大家普遍感觉是老百姓看病花的钱更多了，你觉得原因是什么？如何解决？

刘：2014年中国医改蓝皮书显示，2008至2012年，我国个人卫生支出占卫生总费用的比重由40.4%下降到34.4%，个人绝对卫生支出却在逐年上涨，2012年个人卫生支出的绝对金额较2008年上涨了64.31%。

2009年以来，政府加大了投入，基层医疗机构的硬件设施有显著提升，但"软件"始终是短板。城市大医院医生下不来，即使百姓有了"新农合"的看病钱，有病仍要涌向城市大医院。同时，城市大医院顺应需求继续"开疆扩土"，医院规模从"航母"变成"超级航母"，又进一步加剧了"看病难、看病贵"。如果基层医疗机构持续萎缩、大医院不断扩张这种头重脚轻的局面不改变，"看病难、看病贵"的恶性循环将愈演愈烈。

当务之急是制定国家区域卫生规划，通过加大投入和配套改革，真正使医疗服务重心下移，同时严格限制城市大医院发展规模。具体来说，一是基层医疗服务必须去行政化，打破收支两条线和"大锅饭"，用绩效考核的办法支付行政费用和医保经费，充分调动基层医务工作者的积极性。二是强化基层首诊，推进双向转诊和差异化医保支付。三是同步进行城市大医院的体制改革，使板结的人才流动起来、走下去，真正实现重心下移。

备受青睐的医联体无法取代国家区域卫生规划。

医保"入不敷出"亟待供需双方共同参与改革

问：国家加大了财政医疗卫生的投入并未减轻个人直接负担，你怎么看待这个问题？

刘：2009至2014年，全国财政医疗卫生累计支出4万多亿元，其中中央财政支出累计1.2万亿元，使我国城镇居民基本医疗保险人均财政补贴的增幅一直高于人均个人缴费增幅。

国家只补需方（患者），而没有对（供方）医院的体制"动真格"，如同浇花的水管上到处都是孔，纵使水压再高，而到了远端喷水口却仍喷不出来——这种花大钱不讨好的局面，百姓负担当然很难减少。医保"入不敷出"的局面也亟待供需双方共同参与改革，第一，在全国医保覆盖达95%的大好形势下，应积极实施医保立法，使参加医保成为公民的义务和责任。第二，应采取病种付费而非总额预付的综合管理办法。医保定期公布所辖区域内医疗机构单病种费用顺位，逼使效率低下、质次价高的医院整改或被淘汰。在公平竞争中对不同所有制医院门槛要一样高，要一视同仁。第三，实行医保管办分离，鼓励社会组织竞争办医保，形成优胜劣汰的医保体系。第四，通过综合治理，堵住医院上游批药、生产、定价、流通、采购的层层漏洞，把省下的钱补贴医院，使医院回归公益性。建立这样的良性机制，政府财政和百姓的支出不仅不会上升，反而必会下降。

政府打出"组合拳"使药品价格回归理性

问：药价虚高这个问题应怎样解决？

刘：我国关于城市公立医院综合改革试点的指导意见提出，力争到2017年试点城市公立医院药占比（不含中药饮片）总体降到30%左右。

药价虚高的原因是药物政策和管理碎片化。除了医院要进行自身脱胎换骨的体制改革外，对医院上游有四大环节必须整治，才能使药品价格回归理性。

合力惠民　　　　　　　新华社发　商海春　作

一是要加快建立国家基本药物制度，严格审批仿制药，限定用药品规和通用名，不重复审批巧立名目的同一化学名药物。二是要整顿药品生产行业，关停并转规模小、质次成本高的一部分产品重复的制药企业。三是要取消导致集中腐败的国家定价特权。四是要整顿流通领域。只有由政府或医保集中采购，形成单一采购主体，进行招采合一、量价挂钩的阳光下交易，才能降低虚高药价。

政府通过上述一套组合拳使药品价格回归理性后，将为财政和医保节省大量资金，不仅会解除医保"穿底"的危机，而且能使政府不仅不用加大投入，反而把大量节省下的资金返补给医院，将使医院的活力大增，进入良性运行。

建立良性补偿机制杜绝医生收"红包"、拿回扣

问：为什么医生收红包、拿回扣等现象屡禁不绝？

刘：如仅有个别医生收红包吃回扣，我们可以说这是道德沦丧的个案。但类似现象普遍存在，一定还要追查体制之痛。医生的教育周期最长、执业风险最大、身心压力最大。如果国家不为公立医院建立良性补偿机制，不给予医生合理薪酬，医院和医生就得变相挣钱。不保基本、不强基层，大病小病都往大医院涌，使供求矛盾激化，也是"黄牛"和"红包"禁而不止的重要原因。

公有制医院体制改革首当其冲是要取消行政级别和事业单位编制，根据实际工作量自主聘用员工，彻底打破铁饭碗，以岗位管理取代身份管理。这是医院增加活力、医生多点执业和服务基层的大前提。同时，应建立国家区域卫生规划，对区域内医院要有明确的规划数量、等级和规模，用绩效考核的办法对医院的工作数量和质量进行评价，实施合理的差额补助。在上级医院竞聘不到岗位者可由政府主导或市场调节分流到下级医疗机构，做到下岗不失业。这也是人才下移的重要措施之一。

8. 奋力开创"三农"工作新局面

——聚焦农村改革新举措

农村改革体大面广，统筹兼顾是重要原则。正如习近平总书记指出的，"深化农村改革需要多要素联动。"工作中善抓"牛鼻子"，学会"弹钢琴"，才能有的放矢，做到积极稳妥。"三农"工作新局面的开创，要以"稳"为基础，以"改"为动力，以"进"为目的。

中办国办出台文件
聚焦五大领域深化农村改革

中共中央办公厅、国务院办公厅印发文件,从提高农村改革的系统性、整体性、协同性出发,聚焦五大领域,进一步推进深化农村改革。这份文件 2015 年 11 月 2 日由新华社受权发布。

这份题为《深化农村改革综合性实施方案》的文件,全文约 12400 字,共分 4 个部分,包括总体要求、任务目标,以及深化农村改革要聚焦的关键领域和重大举措等内容。

方案指出,农村改革综合性强,靠

希望的田野　　　　　新华社发　徐骏　作

单兵突进难以奏效,必须树立系统性思维,做好整体谋划和顶层设计。找准牵一发而动全身的牛鼻子和主要矛盾,进一步提高农村改革决策的科学性。

方案指出,全面深化农村改革涉及经济、政治、文化、社会、生态文明和基层党建等领域,涉及农村多种所有制经济主体。当前和今后一个时期,深化农村改革要聚焦农村集体产权制度、农业经营制度、农业支持保护制度、城乡发展一体化体制机制和农村社会治理制度等5大领域。

方案指出,到2020年,农村各类所有制经济尤其是农村集体资产所有权、农户土地承包经营权和农民财产权的保护制度更加完善,新型农业经营体系、农业支持保护体系、农业社会化服务体系、农业科技创新体系、适合农业农村特点的农村金融体系更加健全,城乡经济社会发展一体化体制机制基本建立,农村社会治理体系和农村基层组织制度更加完善,农民民主权利得到更好保障,农业农村法律法规进一步完善并加强,农村基层法治水平进一步提高,农业现代化水平和农民生活水平进一步提升,农村经济社会发展更具活力。

方案明确了改革的七项原则:坚持农村多种所有制经济共同发展,坚持和完善农村基本经营制度,坚持社会主义市场经济改革方向,坚持保障农民权益,坚持统筹兼顾,坚持循序渐进、试点先行,坚持党对"三农"工作的领导。

做顶层设计　立四梁八柱

——透视农村改革方案五大看点

中共中央办公厅、国务院办公厅2015年11月印发《深化农村改革综合性实施方案》，这是当前我国农村改革的顶层设计，是农村经济社会发展关键时期的关键部署。方案有哪些新看点？释放哪些改革新信息？新华社记者第一时间采访了相关专家。

抓住牛鼻子做足顶层设计

当前我国农业农村正遭遇千年未有之变局，进一步推进农村改革，面临更加复杂的利益关系、更加多元的任务目标。农村改革，牵一发而动全身，亟须全局部署、顶层设计。

改革不能各唱各调各喊各号。在利益关系日趋复杂的今天，必须把农村改革作为一个整体来统筹谋划实施。

——国务院发展研究中心农村部部长　叶兴庆

中办、国办印发的这份方案，对此予以明确。方案指出，农村改革综合性强，靠单兵突进难以奏效，必须树立系统性思维，做好整体谋划和顶层设计，找准牵一发而动全身的牛鼻子和主要矛盾，进一步提高农村改革决策的科学性。

"抓住改革牛鼻子，做足顶层设计。"叶兴庆认为，方案切中了当前农村改革的要害，下一步农村改革将更加注重系统性、整体性、协调性。

叶兴庆认为，下一步土地承包经营制度、农村集体产权制度改革都会有进一步推进，与之相关的土地承包法、物权法等法律修改有望加快。

明晰产权做好"富农"大文章

明晰的产权是市场经济的核心。当前，我国市场化改革向纵深推进，农村集体资产归属不清、权责不明、保护不严、流转不畅等问题凸显。如何让农村"沉睡的资产"活起来，让农民享有更多财产权利？成为下一步农村改革绕不开的问题。

"走市场经济道路，明晰产权是个不可回避的话题。农村集体产权越清晰，农村的市场活力就越强大。"国家行政学院教授汪玉凯认为，目前我国农村集体产权制度改革相对滞后，导致一方面农村各类要素潜能无法被激活，另一方面也不利于农民合法权利的保护。

这份方案对这一问题着重提及。方案提出，建立健全符合社会主义市场经济体制要求和社会主义初级阶段实际的农村集体产权制度，必须以保护农民集体经济组织成员权利为核心，以明晰农村集体产权归属、赋予农民更多财产权利为重点……

确保集体经济发展成果惠及本集体所有成员。

"大力推进农村集体产权制度改革,有利于拓展农民财产性收入来源,有利于建立农民增收长效机制。"叶兴庆认为,进一步放活土地经营权、开展集体经营性建设用地入市试点、推进集体资产确权到户等都会成为今后改革的看点。

培育"新农民"破题"谁来种地"困局

粮食生产依赖"386199"部队、务农老龄化、农业后继乏人、生产效率低下……"谁来种地""怎么种地"制约我国农业做大做强。

对此方案提出,吸引年轻人务农,培育新型职业农民,造就高素质的新型农业生产经营者队伍。提出加快培育家庭农场、专业大户、农民合作社、农业产业化龙头企业等新型农业经营主体。

专家指出,方案传递出国家将大力扶持新型职业农民、新型经营主体的强烈信号,预计

构建　　　　　　　新华社发　大巢　作

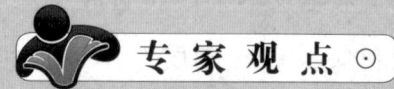

相比于小农户,家庭农场、专业大户等新型农业经营主体具有一定的生产资金和规模,可以进行规模化经营,收益相对可观,能解决'谁来种地'问题;而职业农民懂技术、善管理,还能解决'怎么种地'问题,有利于传统农业向现代农业转型。

——中国社科院农村所研究员 党国英

下一步财税、金融等相关政策均会向这方面明显倾斜。

"投入只增不减"传递"重农"新信号

一方面国家财政收入增速明显放缓,一方面国际粮价保持低位,还要不要加大对三农投入?如何改革农业支持保护制度?这成为近期从学界到市场热议的一大焦点话题。

方案明确提出,建立农业农村投入稳定增长机制。把农业农村作为财政支出的优先保障领域,中央预算内投资继续向农业农村倾斜,确保农业农村投入只增不减。

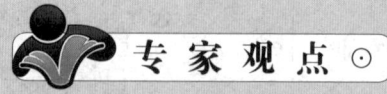

近年来,在国家粮食连年丰收、国际粮价持续走低的情况下,有人认为国家对农业的支持力度可以减弱。而文件提出农业投入只增不减,农业支持保护力度继续加大,体现出中央对三农工作不放松、确保农业重中之重地位的政策意图。

——中国人民大学农业与农村发展学院副院长 郑风田

"文件体现出工业反哺农业、城乡协同发展的共享发展新理念。"党国英说。

方案还强调对财政支农支出结构加以优化,对此郑凤田认为,财政支农确实存在着效率不高、精准度不够等问题,一些涉农专项资金呈现"小、散、乱"特征。今后财政支农首先会向种粮大户、主产区等倾斜,这也有利于农业转方式。

以"政经分开"创新农村治理

方案指出,在进行农村集体产权制度改革、组建农村股份合作经济组织的地区,探索剥离村"两委"对集体资产经营管理的职能,开展实行"政经分开"试验。

"农村治理是今后农村改革的重头戏。中央文件首次提出'政经分开',借鉴了国企改革的经验,有利于农村集体资产保值增值,也有利于实现农村治理能力和治理体系的现代化。"郑凤田说。

在我国城镇化推进过程中,长三角、珠三角等地城乡接合部的村集体资产,市值往往较高。面对巨大利益,在缺少监督的情况下,一些村干部在参与集体资产经营管理过程中,出现了侵吞集体资产、"小官大贪"等现象,既侵蚀农民利益,也影响农村长治久安。

叶兴庆认为,实行"政经分开"试验,由有经营能力的专业机构对集体资产进行管理,实现保值增值,既可以提高经营效率,也可以缓解矛盾冲突,提高农村基层治理水平。

推进农村改革发展要以"稳"为基础

——学习贯彻习近平总书记在农村改革座谈会上重要讲话精神之二

农业稳则天下安。农业基础稳固,农村和谐稳定,农民安居乐业,整个大局就有保障,各项工作都会比较主动。学习贯彻习近平总书记2016年4月25日在小岗村农村改革座谈会上的重要讲话,必须牢牢把握全面建成小康社会进入决胜阶段、经济下行压力仍然较大的时代背景,深刻理解推进农村改革发展以"稳"为基础、稳住"三农"这块"压舱石"的重大意义,推动"三农"工作不断取得新成效。

"稳"为基础,就是要稳住农业农村发展的好形势。党的十八大以来,粮食连年增产,农民收入较快增长,农村改革深入推进。农业农村的好形势,为赢得全局工作的主动发挥了重大作用。与此同时,农业农村也出现了很多新情况、新问题,积累了一些矛盾和问题,尤其是粮食生产从过去的总量不足转变为结构性矛盾比较突出。在这样的背景下,确保农业农村不出大的闪失尤为关键。要从讲政治的高度去理解和把握农业农村工作在全局中的地位,始终把解决好"三农"问题作为全党工作的重中之重，任何时候不能忽视农业、忘记农民、淡漠农村，抓"三农"的劲只能鼓不能松，坚决防止忽视和放松"三农"工作的倾向，坚决防止农业农村发展持续向好的形势出现逆转。正如总书记在座谈会上指出的，农村稳定是广大农民切身利益。稳住农业农村的好形势，必须以保障和改善民生为优先方向，加强和创新农村社会治理，让广大农民学有所教、病有所医、老有所养、住有所居，让农村成为安定有序、干净整洁的幸福家园。

"稳"为基础，就是要稳定农村的基本经营制度。以家庭承包经营为基础、统分结合的双层经营体制，是我国的农村基本经营制度，是我们党农村政策的重要基石。习近平总书记强调，新形势下深化农村改革，主线仍然是处理好农民和土地的关系。最大的政策，就是必须坚持和完善农村基本经营制度，坚持农村土地集体所有，坚持家庭经营基础性地位，坚持稳定土地承包关系。历史经验和农村改革的实践证明，这一基本制度体现了中国特色社会主义的内在要求和本质特征，符合我国基本国情、契合农业生产特点，极大解放和发展了农村社会生产力，得到了广大农民群众的普遍拥护，是农村改革的重大制度成果。对这一基本制度，我们必须长期坚持并不断完善，决不能有丝毫动摇。无论农村集体产权制度怎么改，都不能丢了农村土地农民集体所有这个"魂"；无论新型经营主体怎样发展，都不能动摇家庭经营的基础性地位。

"稳"为基础，就是要保持强农惠农富农政策的连续性和稳定性。习近平总书记指出，对农村改革的成功实践和经验，要长期坚持、不断完善。这些年，我们坚持工业反哺农业、城市支持农村和多予少取放活方针，统筹城乡经济社会发展，初步形成了保障国家粮食安全、强化农业支持保护、推动农业可持续发展、构建新型农业经营体系、推进城乡一体化、完善乡村治理机制等政策体系。实践证明，党的"三农"政策是正确的，是行之有效的，广大农民群众是衷心拥护的。我们要保持政策的连续性和稳定性，并在实践中不断创新完善，确保强农惠农富农政策的力度不减弱，使农民群众有更多获得感。

"洪范八政，食为政首。"新形势下，坚持并完善农村改革的成功实践和经验，保持发展势头，筑牢制度根基，激发政策活力，我们就一定能稳中求进、稳中有进，在"十三五"决胜全面小康的关键阶段书写"三农"工作新篇章。

推进农村改革发展要以"改"为动力

——学习贯彻习近平总书记在农村改革座谈会上重要讲话精神之三

"解决农业农村发展面临的各种矛盾和问题，根本靠深化改革。"在小岗村召开的农村改革座谈会上，习近平总书记深刻阐述深化农村改革的重要意义,为我们在新形势下做好"三农"工作指明了前进方向,提供了重要遵循。党的十八大以来,涉及"三农"的改革方案和试点方案陆续出台,积极稳妥推进各项改革,必须既有战略定力、历史耐心,坚决守住底线,又要勇于担当、大胆创新,敢啃硬骨头。

搞改革是破旧立新,但底线思维必不可少。习近平总书记强调,不管怎么改,都不能把农村土地集体所有制改垮了,不能把耕地改少了,不能把粮食生产能力

"三权分离"　　　　　　　　新华社发　徐骏　作

改弱了,不能把农民利益损害了。这"四个不能",划出不可逾越的底线。搞农业规模经营也好,推进城镇化也好,都有其内在的经济社会发展客观规律,很大程度上也是历史发展到一定阶段的必然结果。深化农村改革,要尊重农民意愿、维护农民权益,核心就是不能随便动农民承包的土地。保住了土地就是保住了粮食,保住了粮食,就保住了社会稳定的大局。在这个问题上,要有历史耐心、战略眼光,要谋定而后动。一时看不清的不要急着去动,进不进城、退不退地,要把选择权交给

农民，由农民选择而不是代替农民选择，可以示范和引导，但不能搞强迫命令、不能刮风、不能一刀切。对此，一定要有清醒的认识，在工作中严格遵循，坚决避免犯不可挽回的历史性错误。

农村改革体大面广，统筹兼顾是重要原则。正如习近平总书记指出的，"深化农村改革需要多要素联动。"工作中善抓"牛鼻子"，学会"弹钢琴"，才能有的放矢，做到积极稳妥。一方面，坚持和完善农村基本经营制度这个根本，顺应农民保留土地承包权、流转土地经营权的意愿，把农民土地承包经营权分为承包权和经营权，实现承包权和经营权分置并行。另一方面，重点抓好农村集体产权制度改革、构建新型农业经营体系、深化供销合作社综合改革、健全农业支持保护制度、推进户籍制度改革、健全城乡一体化的体制机制等六大改革任务，推动"三农"工作不断取得新的成果。

农村改革攻坚克难，勇于探索、善于实践是科学方法。要按照中央的统一部署，根据《深化农村改革综合性实施方案》确定的改革重要领域和主要任务，坚持试点先行，坚持问题导向，下大力气解决好农民群众最关心最直接最现实的利益问题。要鼓励和允许不同地方差别化探索，对敢于改革的要建立正向激励机制，对改革试错要有容忍度，也要有试错容错机制。要建立健全改革督察、中期评估和考核验收等各项管理机制。对批准开展的改革试点，要积极推进、加强指导，及时总结可复制、可推广的成熟经验，转化为全面推开的政策，并推动相关法律法规的立改废释。各级党委、政府要不断完善推进农村改革的领导体制和工作机制，健全和落实责任制度，确保各项农村改革措施落到实处、见到实效。

"事之当革，若畏惧而不为，则失时为害。"深入学习贯彻习近平总书记关于农村改革发展的重要讲话精神，以深化改革的"关键一招"解决"三农"问题，我们必能加快补齐短板、激发农业农村活力，为全面建成小康社会提供坚实支撑。

推进农村改革发展要以"进"为目的

——学习贯彻习近平总书记在农村改革座谈会上重要讲话精神之四

发展如逆水行舟，不进则退。推进农业农村发展要以"进"为目的。目前，农业仍然是"四化同步"的短腿，农村仍然是全面建成小康社会的短板。习近平总书记在小岗村农村改革座谈会上明确指出，加快农村发展，要紧紧扭住发展现代农业、增加农民收入、建设社会主义新农村三大任务。提纲挈领，纲举目张。围绕三大任务狠抓落实、久久为功，就能有效破解"三农"问题，推动农村改革发展跃上新台阶。

加快推进农业现代化是强农之基。实现农业现代化是我国农业发展的重要目标，没有农业现代化，国家现代化是不全面、不完整、不牢固的。习近平总书记高度重视农业现代化问题，明确要求"发展现代农业，要在稳定粮食生产、确保国家粮食安全基础上，着力构建现代农业产业体系、生产体系、经营体系，加快构建职业农民队伍，形成一支高素质农业生产经营者队伍。"加快推进农业现代化，必须着力强化物质装备和技术支撑，把产能建设作为根本，实施藏粮于地、藏粮于技战略，确保谷物基本自给、口粮绝对安全，确保中国人的饭碗任何时候都要牢牢端在自己手上。一方面，要大力推进农业供给侧结构性改革，优化产品结构、生产结构、产业结构和生产力布局，推动粮经饲统筹、农林牧渔结合、种养加一体。另一方面，要加快形成集约化、专业化、组织化、社会化相结合的新型农业经营体系，大力培育职业农民，提高农业质量效益和竞争力，让农业成为有奔头的产业，让农民成为体面的职业。

促进农民持续较快增收是富农之本。增加农民收入是"三农"工作的中心任务，检验农村工作实效的一个

升级　　　　　　　新华社发　徐骏　作

重要尺度，就是看农民的钱袋子鼓起来没有。习近平总书记指出，"增加农民收入，要构建长效政策机制，通过发展农村经济、组织农民外出务工经商、增加农民财产性收入等多种途径，不断缩小城乡居民收入差距，让广大农民尽快富裕起来。"促进农民持续较快增收，必须充分发挥农村的独特资源和优势，深度挖掘农业的多种功能，大力培育壮大农村新产业新业态，推动农村一二三产业融合发展，推进农业产业链整合和价值链提升，让农民共享产业升级和融合发展的增值收益。要始终把提高粮食生产效益、增加种粮农民收入作为一项重大政策，不断完善粮食价格形成机制和收储制度，构建符合我国国情的农业支持保护体系，不让种粮农民吃亏。

深入推进新农村建设是兴农之要。在推进新型城镇化的大背景下，作为缩小城乡发展差距的重大战略举措，深入推进新农村建设，必须推进城乡公共资源均衡配置、城乡要素平等交换，稳步提高城乡基本公共服务均等化水平。既要把各级政府投资的基础设施建设重点放在农村，建设好、管护好、运营好农村基础设施，也要把社会事业发展的重点放在农村和接纳农业转移人口较多的城镇，加快推动城镇公共服务向农村延伸。要加强和创新农村社会管理，加强农村社会治安工作，确保广大农民安居乐业、农村社会安定有序。习近平总书记强调，"建设社会主义新农村，要规划先行，遵循乡村自身发展规律，补农村短板，扬农村长处，注意乡土味道，保留乡村风貌，留住田园乡愁。"新农村建设要充分体现农村特点、地域特色、民族风格，要方便农民生产生活，不要把新农村建成缩小版的城市社区。搞好农村人居环境综合整治，解决好农村污水乱排、垃圾乱扔、秸秆乱烧的问题，创造干净整洁的农村生活环境。

马克思指出，超过劳动者个人需要的农业劳动生产率，是一切社会的基础。30多年前，一个源自田间地头的创举掀起波澜壮阔的农村改革大潮。今天，以改革为动力，向发展要效益，我们必将在深入推进农村改革发展中不断开创"三农"工作新局面，夯实经济社会发展的基础，实现全面建成小康的目标。

农村改革要牢牢守住"四个不能"底线

习近平总书记2016年4月25日在安徽凤阳县小岗村主持召开农村改革座谈会时强调：不管怎么改，都不能把农村土地集体所有制改垮了，不能把耕地改少了，不能把粮食生产能力改弱了，不能把农民利益损害了。

农业丰则基础强，农民富则国家盛，农村稳则社会安。"四个不能"既关系到广大农民的切身利益，也关系到国家的粮食安全，更与农村的各项基本制度息息相关。"四个不能"明确指出农村改革必须牢牢守住的底线，为"三农"工作找准方向提供了重要遵循。

守住"底线" 新华社发 翟桂溪 作

改革，归根到底是为了群众，也要依靠群众，最终要让群众受益。30多年前，小岗村18位村民摁下的红手印，拉开了农村改革的序幕。在小岗村大包干等农业生产责任制基础上形成的以家庭承包经营为基础、统分结合的双层经营体制，成为我国农村政策的重要基石。30多年的农村改革，推动我国农业生产、农民生活、农村面貌发生了翻天覆地的变化。

然而近年来，一些地方的农村出现了一些违背农民意愿、侵害农民权益的事件。例如，一些地方不尊重农民意愿，替农民做主，导致农民屡屡"被代表"；一些地方受错误发展观、政绩观驱使，打着改革旗号损害农民权益等。在全面深化改革的关键时期，农村改革暴露出的问题苗头需要引起高度重视。

重农固本，是安民之基。牢牢守住"四个不能"的底线，就是要在农村改革过程中尊重农民意愿，维护农民权益。要把选择权交给农民，由农民选择而不是代替农民选择。可以示范和引导，但不搞强迫命令、不刮风、不一刀切。如此才能尽最大可能凝聚共识，才能充分调动农民的积极性，才能深入解放农村社会生产力，才能更好推动农村改革。

中国要强农业必须强，中国要美农村必须美，中国要富农民必须富。加快农村发展，关键是要紧紧扭住发展现代农业、增加农民收入、建设社会主义新农村三大任务，处理好农民和土地的关系。各地在深化农村改革的过程中，必须着力保障各项法规、政策不打折扣地落实，牢牢守住"四个不能"底线，促进农业基础稳固、农村和谐稳定、农民安居乐业。

延伸阅读

支持农业　发展农村　富裕农民

——专访中央农村工作领导小组副组长、办公室主任陈锡文

习近平总书记近日在安徽凤阳县小岗村主持召开农村改革座谈会并发表重要讲话，充分彰显了党中央进一步推进农村改革发展稳定的意志和决心，释放出不断强农惠农富农的政策信号，对激发农村活力、加快补齐农村短板、奋力开拓"三农"工作新局面具有重要的指导意义。

如何促进新形势下农村改革发展？记者就此采访了中央农村工作领导小组办公室主任陈锡文。陈锡文说，在农村改革主要发源地小岗村，习近平总书记从党和国家事业发展全局出发，再次强调了中国要强农业必须强，中国要美农村必须美，中国要富农民必须富。要坚持把解决好"三农"问题作为全党工作重中之重，加大推进新形势下农村改革力度，加强城乡统筹，全面落实强农惠农富农政策，促进农业基础稳固、农村和谐稳定、农民安居乐业。学习贯彻习近平总书记重要讲话精神，要深刻领会讲话的精神实质，用讲话精神指导实践、推动工作，确保党中央制定的"三农"方针政策不折不扣地落实到位，努力开创农业农村发展新局面。

坚持和完善农村改革的成功实践经验

问：农村改革座谈会选在安徽小岗村召开，透露出什么信号？

陈锡文：新形势下推进农村改革发展、开创"三农"工作新局面，非常重要的是坚持和完善农村改革的成功实践和经验，这也是这次座谈会为什么选在小岗村召开的深刻含义。改革必须放手发动群众，让广大群众在基层去实践、去创造。党和政府在群众基层实践的基础上，总结、提升、推广成功经验。

农村改革是否成功是有标准的，一是契合农业和农村特点，二是兼顾国家、集体、农民三者利益，三是真正调动农民积极性，四是能够解放农村的社会生产力。当年在总结提升小岗村的改革经验基础上，逐步形成了我国农业基本经营制度，即以家庭承包经营为基础、统分结合的双层经营体制。这个基本经营制度是整个农村改革所取得的重大制度性成果，是我们党农村政策的重要基石。

选择这个节点召开农村改革座谈会，与当前的背景和形势息息相关。"十三五"是全面建成小康社会的决胜阶段，今年又是"十三五"的开局之年，农业农村有很多新情况、新问题，特别是粮食在连续12年丰收之后，也积累了一些矛盾和问题，粮食生产从过去的总量不足转变为结构性矛盾比较突出。在这样的背景和全局性工作要求下,"三农"工作不能放松,要牢牢抓住、紧紧抓好、不断抓出新的成效。

深化农村改革主线是处理好农民和土地关系

问:为什么说新形势下深化农村改革,主线仍然是处理好农民和土地的关系?

陈锡文:我国农村改革,是从处理好农民和土地的关系开启的,新形势下也必须把处理好农民和土地关系作为主线。当前特别是党的十八大以来,我们处理土地问题的一个重大创新是把农民土地承包经营权分为承包权和经营权,实现集体所有权、农户承包权和土地经营权分置并行,顺应了农民落实所有权、稳定承包权、放活经营权的意愿。

从我们了解的情况看,目前全国三分之一的土地已经流转。全国2.3亿户承包土地的农民中,6600万户或多或少地流转了土地,这为农业发展规模经营、加快农业现代化进程提供了有利条件。

农村土地制度改革是涉及全局性改革,要审慎稳妥。发展农业现代化没有一定规模是不行的,但这是一个渐进的过程,不能一下子很快完成。要把选择权给农民,不能替代农民去选择。无论是土地承包经营权流转还是农民进城,党和政府可以引导示范,但不能搞强迫命令,不能一阵风、一刀切。

农村土地制度改革,不管怎么改,还是有底线的,就是不能把农村土地集体所有制改垮了、把耕地改少了、把粮食生产能力改弱了、把农民利益损害了。

多要素联动深化农村改革

问：当前深化农村改革还有哪些领域需要重点推进？

陈锡文：一是推进农村集体资产确权到户和股份合作制改革。要清产核资，查清有多少家当。建立严格的监管制度，让农民能够民主参与。更重要的是把集体资产确权落到每一个集体经济组织成员身上，让他们拥有更多获得感。

二是加快创新农业经营体系，加快培育新型经营主体。现在土地流转之后，出现了多种经营形式，只要是有利于农村改革的，都应该支持。

三是加快推进供销合作社改革。明确供销社的定位，既解决好为农民服务，也解决好自身政企不分、社企不分的矛盾，成为更具活力的为农服务体系。

四是完善农业支持保护体系。我国对农业的支持和保护是不断加强的，但形势在不断变化，既要求支持力度不断加大，又要求支持的方式和形式有创新，能适应新要求。

五是加快户籍制度改革。我国城镇化率虽然提高很快，但进城务工农民并没有能够真正融入城镇，要让有意愿、有条件的进城农民能够定居落户，并享受和当地城镇居民同等的待遇。

六是推进城乡一体化的体制机制。促进基础设施向农村延伸，基本公共服务向农村覆盖，完善社会保障制度，城乡逐步实现均等化。

紧紧扭住农村发展三大任务

问：当前如何进一步加快农村发展？

陈锡文：总书记明确指出，加快农村发展，要紧紧扭住发展现代农业、增加农民收入、建设社会主义新农村三大任务。

发展现代农业必须完善农业经营体制，更多应用科学技术，完善基础设施，提高农产品质量和效益。采取措施让年青一代愿意从事农业，加快培养新型职业农民。

农民增收是"三农"工作的中心任务，做好"三农"工作的衡量标志就是农民钱包鼓没鼓。2010年以来，我国城乡收入差距逐步缩小，不能让这个势头发生逆转。要提高农业质量效益，促进一、二、三产业融合，延长产业链，给农民提供更多就业机会。要推进农村改革，让农民从财产中有更多收益。

从历史纵深来看，即使将来我国城镇化率达到70%，还有30%的人口、即四五亿人生活在农村。因此，光重视城镇化还不够，必须同步加快新农村建设。新农村建设要规划先行，不要把城市建设的模式搬到农村。要体现农村特色，留得住乡愁，看得见青山绿水，留得住中华文化的根基、农耕文化的精粹。

9. 让智力有价　为科研松绑

——聚焦深化科技体制改革

科技计划和项目资金管理改革、院士制度改革、促进科技成果转化、重大科研基础设施向社会开放、大众创新创业……党的十八大以来，中央对科技体制改革和创新驱动发展做出全面部署，指明了方向，绘就了"蓝图"，出台了一系列重大举措。

中办、国办公布
深化科技体制改革实施方案
整体推进科改落地

2015年9月24日,中共中央办公厅、国务院办公厅印发的《深化科技体制改革实施方案》公开发布,要求各地区各部门结合实际认真贯彻执行,打通科技创新与经济社会发展的通道,最大限度激发科技第一生产力、创新第一动力的巨大潜能。

方案指出,深化科技体制改革是全面深化改革的重要内容,是实施创新驱动发展战略、建设创新型国家的根本要求。

"第一动力"　　　　　　　　　　新华社发　徐骏　作

党的十八大特别是十八届二中、三中、四中全会以来,中央对科技体制改革和创新驱动发展做出了全面部署,出台了一系列重大改革措施。

方案突出内容的涵盖性、制度的可持续性、措施的针对性和实施的时序性,旨在更好地贯彻落实中央的改革决策,形成系统、全面、可持续的改革部署和工作格局。

方案明确了激发创新、问题导向、整体推进、开放协同、落实落地的基本原则。确定了"到2020年,在科技体制改革的重要领域和关键环节取得突破性成果,基本建立适应创新驱动发展战略要求、符合社会主义市场经济规律和科技创新发展规律的中国特色国家创新体系,进入创新型国家行列"的主要目标。

方案以问题为导向,把破解制约创新驱动发展的体制机制障碍作为着力点,找准突破口,增强针对性,围绕10个方面提出了32项改革举措143项政策措施。

这10个方面包括:建立技术创新市场导向机制,构建更加高效的科研体系,改革人才培养、评价和激励机制,健全促进科技成果转化机制,建立健全科技和金融结合机制,构建统筹协调的创新治理机制,推动形成深度融合的开放创新局面,营造激励创新的良好生态和推动区域创新改革等。

方案突出整体性,增强可操作性,明确了各项改革的联络图、关系网、路线图和时间表。32项改革举措143项政策措施都确定了标志性举措、具体成果形式、牵头部门和时间进度安排等。"台账"式推进,力争使改革可落地、可检验、可督查。

30年，深化科改再出发

——科技部就深化科技体制改革实施方案出台答新华社记者问

从1985年中央作出《关于科学技术体制改革的决定》以来，30年过去了；从党的十八大提出实施创新驱动发展战略以来，2年多过去了；距离到2020年进入创新型国家行列的目标只剩下5年，科技体制改革进入攻坚阶段。

30年，科改再出发。

中共中央办公厅、国务院办公厅2015年9月24日公布的《深化科技体制改革实施方案》有何深意、特点、重点？拿什么疏通"中梗阻"，靠什么激发"第一生产力"？全程参与实施方案制定的科技部政策法规与监督司副司长包献华接受了新华社记者专访。

从"蓝图"到"施工图"，让"飘"在天上的政策"落"下来

问：一分部署，九分落实。科技领域的改革举措很多，如何通过落实，释放科改"红利"？

答：深化科技体制改革是全面深化改革的重要内容，是实

开启　　　　　　　新华社发　徐骏　作

施创新驱动发展战略、建设创新型国家的根本要求。

科技计划和项目资金管理改革、院士制度改革、促进科技成果转化、重大科研基础设施向社会开放、大众创新创业……党的十八大以来，中央对科技体制改革和创新驱动发展做出全面部署，指明了方向，绘就了"蓝图"，出台了一系列重大举措。方案突出内容的涵盖性、制度的可持续性、措施的针对性和实施的时序性。

就是说，画出一张措施有力、脉络清晰、操作有序的"施工图"。

从"碎片化"到"整体性"，"四梁八柱"构筑系统格局

问：过去改革存在"中梗阻"，主要"梗"在哪？如何打通？

答：科技体制改革涉及方方面面，过去各部门从各自定位出发出台改革措施，缺乏有效衔接协同，造成政策落地难、落实难。方案是中央全面深化改革领导小组2015年工作要点确定的一项重点任务，最基本的定位就是支撑科技体制改革的"四

梁八柱"，着力增强科技体制改革的整体性，形成系统、全面的改革部署和工作格局。

在国家科改领导小组的统一领导下，包括科技、发改、财政、教育、工信、一行三会在内的 40 多个部门打破条块分割，共同参与了方案制定，多次征求意见，数易其稿。方案不是就科技改革论科技改革，而是要打破科技经济"两张皮"、打通科技创新与经济社会发展通道。

从"痛点"到"突破口"，问题导向破解 10 大突出矛盾

问：方案的最大特点和主要内容是什么？

答：方案以问题为导向，针对科技创新和创新驱动发展存在的体制机制"痛点"和政策制度障碍对症下药，围绕 10 个方面提出 32 项改革举措 143 项政策措施。

方案啃的是深化改革的"硬骨头"，"含金量"很高。比如，在建立技术创新市场导向机制方面，要建立常态化的企业技术创新对话、咨询制度，发挥企业和企业家在国家创新决策中的重要作用。坚持结构性减税方向，要逐步将国家对企业技术创新的投入方式转变为以普惠性财税政策为主。

又如，加强科技创新服务体系建设方面，要完成制定科技型中小企业的条件和标准，为落实扶持中小企业创新政策开辟便捷通道。此外，要完成修订高新技术企业认定管理办法。

再如，为健全产学研协同创新机制，要制定具体管理办法，允许符合条件的高等学校和科研院所科研人员经单位批准，带着科研成果、保留基本待遇到企业开展创新工作或创办企业。

在改革人才培养、评价、激励方面，实行科技人员分类评价，建立以能力和贡献为导向的评价和激励机制。改进完善院士制度，健全院士遴选、管理和退出机制。包括制定规范院士学术兼职和待遇的相关措施，明确相关标准和范围。

可操作可落实可督查，让科研人员更有获得感

问：深化科技体制改革的目标是什么？如何从当下做起，实现这一目标？

答：方案明确了激发创新、问题导向、整体推进、开放协同、落实落地的基本原则。围绕到2020年进入创新国家行列的战略目标，确定改革的具体措施，加快建立适应创新驱动发展要求，符合社会主义市场经济规律和科技创新规律的中国特色创新体系。

方案务求可操作、可落实，以台账形式，明确每一项改革任务的具体成果、牵头部门和完成时限，使改革可督查、可检验。国家科技体制改革和创新体系建设领导小组将对方案的落实加强统筹协调和督促检查。

各部门各地方将研究制定具体落实方案，抓紧推进改革任务实施。一项一项抓落实，确保干一件成一件，释放改革"红利"，让科技人员和人民群众有更多的获得感。

对症下药,向落实要改革"红利"

——深化科技体制改革实施方案亮点透视

2015年9月24日,中共中央办公厅、国务院办公厅印发了《深化科技体制改革实施方案》,要求各地各部门结合实际认真贯彻执行。

"深化"就是"啃硬骨头",就是问题导向、对症下药。方案针对当前哪些现实"痛点"?采取何种措施?将带来哪些"红利"?新华社记者就此进行了采访。

亮点　　　　　　　　　　新华社发　大巢　作

创新主体：市场导向，让企业家参与国家创新决策

【背景】强化企业技术创新主体地位，是深化科技体制改革的核心任务之一。总体上看，我国企业创新主体地位尚未真正确立，大企业动力不足，中小企业能力不强。

【方案】方案着眼于建立健全技术创新的市场导向机制，提出产业专家和企业家要在国家创新决策相关专家咨询组中占较大比例，完善企业研发费用计核方法，调整目录管理方式，对国有企业形成鼓励创新、宽容失败的考核机制。

【点评】中国科学技术发展战略研究院综合发展研究所副所长陈宝明说，方案对财政税收如何支持企业研发进行了细化，并对国有企业考核进行了调整，这都是激发企业创新积极性的重要手段。特别是明确提出企业家和产业专家要在国家创新决策相关咨询组中占较大比例，助推科研真正瞄向企业需求。

科技成果转化：打通体制机制通道

【背景】多年来，科技成果转化率低的难题一直难以解决。改变经济与科技"两张皮"的问题，关键是要打通体制机制通道。

【方案】方案提出深入推进成果使用、处置和收益管理改革政策，推广实施股权和分红激励政策，完善职务发明制度，完善事业单位无形资产管理，构建全国技术交易市场体系。

【点评】北京东方硅谷科技开发院院长汪斌说，方案细化了科技成果"三权"方案，将极大调动科研人员积极性和促进

科技成果有效利用，同时构建全国技术交易市场体系有利于建立起统一的标准和展示规范，加快成果有效转化。

科研院所：分类改革、去行政化

【背景】我国从1999年开展全面启动这方面改革。但目前，院所改革存在政策不配套不落实现象，公益类院所管理僵化、活力不足，开发类院所转制后行业定位不清等问题也日益暴露。

【方案】方案提出加快科研院所分类改革。完善科研院所法人治理结构，探索理事会制度，推进科研事业单位取消行政级别。坚持技术开发类科研机构企业化转制方向，对于承担较多行业共性任务的转制科研院所，可组建产业技术研发集团，对行业共性技术研究和市场经营活动进行分类管理、分类考核。

【点评】山东省科学院生态研究所所长许崇庆认为，分类改革后，公益类的科研院所有必要的财政保障，可以使科研人员踏实进行基础性、战略性科研攻关；而那些以市场经营为主的开发类科研机构，将走向市场，通过改革可获得更大的市场机制激励。

"同时，去行政化，不再以级别论工资和地位，可以真正实现按绩效进行评价，按绩效进行拨款。"

专家认为，分类管理是转制院所长期期盼、呼声强烈的一项改革，实施方案出台后，开发类院所深化改革将迎来新一轮热潮。

人才激励机制：分类推进人才评价制度

【背景】我国是科技人力资源大国，但科技人才队伍大而不强，结构失调，高层次人才匮乏，主要原因在于体制机制不完善，特别是评价激励机制不适应科技人才发展要求。

【方案】方案提出实行科技人员分类评价，深化职称制度改革，深化科技奖励制度改革，健全院士遴选、管理和退出机制；研究制定事业单位高层次人才收入分配激励机制的政策意见，推进科研事业单位实行绩效工资。

【点评】中科院武汉物理与数学研究所专家表示，传统的"论文评价机制"虽具有一定合理性，但局限性越来越明显。这次强调分类评价，即基础研究与实用性研究分类考核，是重大的进步。这样可保证各方都能被充分激励，以满足世界科技前沿、国家重大需求以及企业需要等多层次要求。

金融支持创新：构建多层次投融资体系

【背景】资金在科研成果的推进、转化中具有重要决定性作用，目前科技创新创业融资难融资贵的问题仍然突出，如何围绕产业链部署创新链，围绕创新链完善资金链，需要尽快解决。

【方案】方案提出壮大创业投资规模、强化资本市场对技术创新支持、拓宽技术创新间接融资渠道。

【点评】中国科学技术发展战略研究院科技体制与管理研究所所长李哲说，目前资本市场对科技成果的支持作用越来越大，通过政策引导中小企业创新基金等风险投资加大对科技的支持十分必要。陈宝明认为，以政府基金的方式撬动更多社会资本投入是个有效的方式，并且基金的社会化运作将更有市场导向。

科技计划管理：破除政出多门、资源"碎片化"

【背景】2014年12月，国务院印发《关于深化中央财政科技计划（专项、基金等）管理改革的方案》，目前已经完成了现有渠道中近一半计划的优化整合。改革开局良好，但后续任务更加艰巨繁重。

【方案】方案明确了计划整合和体系重构、建立统一管理平台、专业机构管理项目、构建统一监督评估机制、完善项目资金管理制度、建成统一管理信息系统和项目库等改革任务的具体措施、实施路径和完成时间表。

【点评】许崇庆说，以前科研课题交叉问题比较突出，比如环保类课题，科研人员往往从科技、环保等部门重复获取资金。这一方面造成有限资源的浪费，另一方面也导致各方面力量不能有效整合集中攻关。"虽然有时单个技术很先进，但整体难有突破，这次出台的方案有利于解决此类问题。

科研人员"下海"创业
3年内保留人事关系 既打气又喂定心丸

——解析国务院常务会议推动科技成果转化五项"重磅"举措

"我给今天国务院常务会议确定推动科技成果转化五项'重磅'举措点赞。它一方面从政策上激励科研成果转化并让有贡献的科研人员尝到成果转化的甜头,另一方面有利于减少科研人员投身创业后公职不保、科研经费中止,没有回头路等后顾之忧。"

清华大学计算机系高性能所博士生沈弼龙告诉记者,2016年2月17日国务院常务会议确定的支持科技成果转移转化、促进科技与经济深度融合的五大举措一出,瞬间在师生朋友圈里刷屏。

本次国务院常务会议确定了鼓励国家设立的研究开发机构、高等院校通过转让、许可或作价投资等方式,向企业或其他组织转移科技成果的五项具体措施。

"这五项措施针对性强，是推进供给侧结构性改革，实施创新驱动发展战略的重大改革突破。"中国科协党组成员、书记处书记王春法说。一揽子出台这些措施，体现了经济新常态下创新发展的决心，旨在加快科技成果转移转化，尽快形成新的生产力，促进大众创业、万众创新，提高发展质量和效益。

中国民营科技促进会副会长汪斌认为，第一条举措短短几十个字却是力度空前的突破。一是明确了国家设立的高校和科研院所自主决定转移其持有的科技成果；二是简政放权，原则上不需审批或备案；三是鼓励优先向中小微企业转移成果，支持设立专业化技术转移机构。

"目前，创业队伍中科研人员不多，有过硬科技成果的更不多。鼓励科技成果向中小微企业转移，有利于提升科技对整体经济的引领和支撑作用，加速我国发展方式转型升级。"汪斌说。

> **专家观点**
>
> 总体上看，这些政策既是对新修订的促进科技成果转化法的细化落实，也是对2014年以来，中关村、张江、东湖等示范区开展中央级事业单位科技成果处置、使用、收益管理改革试点成果的肯定、深化和推广。它有利于从根本上解决阻碍国有高校、科研机构成果转化的制度障碍，促进成果产出，提高转化效率。
>
> ——中关村管委会创新处处长　孙晓峰

西北农林科技大学农学院教授王成社表示，去年全国人大常委会通过了修改后的促进科技成果转化法。国务院常务会议进一步明确了成果转移收入全部留归单位。通过转让、许可取得的净收入及作价投资获得的股份或出资比例，不低于50％用于奖励，对研发主要贡献人员的奖励份额不低于奖励总额的50％。这将极大调动科研人员将科研成果转移转化的积极性。

孙晓峰认为，针对高校、科研机构成果转化中面临的现行政策法规尚未明确的问题，提出了解决思路，扫除了政策障碍。比如，首次明确科技人员在成果转化中开展技术开发与服务等活动，可依法依规获得奖励。这对鼓励科技成果为社会服务有重要现实意义。

"本次会议明确了在履行尽职义务前提下，免除事业单位领导在科技成果定价中因成果转化后续价值变化产生的决策责任。这个内容也是突破，过去有些高校和科研院所的领导干部担心背上成果转化后国有资产流失的责任。成果转化效果很大程度上由市场因素决定，只要尽职尽责了，就不应该追究单位负责人的决策责任。"王春法说。

 专家观点

不少科研人员可能是初次创业，对市场不熟悉。想闯，但没有很大把握，想闯，又不想轻易丢掉公职。这项举措很给力，将会激励更多科研人员投身创新创业。

——中国民营科技促进会副会长　汪斌

受访的科研人员普遍认为，第四条举措中离岗创业3年内保留人事关系，且离岗创业期间科技人员承担的国家科技计划和基金项目原则上不得中止，给手握科研成果，又有创业意愿的人吃了一颗定心丸。

会议还明确，将科技成果转化情况纳入研发机构和高校绩效考评。加快向全国推广国家自主创新示范区试点税收优惠政策，探索完善支持单位和个人科技成果转化的财税措施。更好发挥科技创新对稳增长、调结构、惠民生的支撑和促进作用。

"近年来，在中关村试点的先行先试政策中，税收政策是重要内容之一。这些政策不是简单的减免税，而是从鼓励企业加大研发投入，完善激励制度建设，促进风险投资等方面，支持创新活动，降低创新成本。这些政策的推广将极大促进国家大众创业万众创新的蓬勃开展。"孙晓峰说。

10. 让公平正义的阳光更好照进百姓心田

——聚焦司法体制改革

随着司法体制改革进程的不断深入，改革措施的落地生根，司法体制改革的正向促进作用将逐渐凸显。从顶层设计到基层试点，从健全司法权力运行机制到合理配置司法职权，从立案登记制改革到防止领导干部干预司法……一系列举措让公平正义的阳光更好照进了百姓心田。

司改与"我"

——聊聊保障公民权利的那些细节

"我",是每一位公民。司法体制改革,似乎离"我"挺远,谁也不会没事打官司;但司改其实离"我"很近,因为在难以预测的生活"变量"中,法是一个值得依靠的"恒量"。

如果"我"是案件当事人,怎样让"我"感到更加方便快捷?怎样在每一个案件中看见公平正义?司法机关怎样保障"我"的公民权利,给出一个让"我"信服的裁判?司法体制改革的成效如何,说一千道一万,要由"我"来评判。

严格落实干预案件规定　不用让"我"找人打招呼

房产纠纷、家庭邻里矛盾、道路交通事故……"我"有一个案件进入法院。心里没底,千方百计想办法托关系、打招呼、讲人情。但是,如果有人帮"我"递了"小纸条",就会被记录在案。

在上海司法体制改革试点中,司法机关严格落实有关插手、干预、过问案件的规定,各类行为"全程留痕"。例如,在上海市第二中级人民法院,院、庭长对个案进行监督、指导均以主审法官联席会议、专业法官会议、审委会等组织化的方式进行。院、庭长在会上发表的意见建议要记入会议记录并归卷或留存,可以倒查到底。

为了防止办"金钱案""人情案",上海还在全市法院建立了《案件廉政回访》制度,建立"上海法院廉政风险环节监督提示系统",运行以来共发现处置和反馈问题1258个。

2015年3月30日,中央有关部门出台《司法机关内部人员过问案件的记录和责任追究规定》《领导干部干预司法活动、插手具体案件处理的记录、通报和责任追究规定》,更是给领导干部及司法机关内部人员画定了红线。

担当　　　　　　　新华社发　商海春　作

"从前一听说要打官司,常常想着找找人、托托关系。如今,这些都要被记录下来,而且法官、检察官对办理的案件要终身负责。出于自我保护,打'招呼'恐怕也不管用了。"上海市民张枫说。

审批大幅减少　不再让"我"等等等

案子进入司法程序,等通知、等开庭、等判决……在以前,"我"和代理人常会遇到这样的情况。法院"案多人少"是客观因素,但司法机关内部存在案件审批环节过多,也是让"我"等等等的一个很重要的原因。在上海的司法体制改革试点工作中,落实"审理者裁判,裁判者负责",大幅度减少审批、规范领导权力是一个"重头戏"。

据上海市人民检察院介绍，改革后，由检察长或检委会行使的权力仅有15项，比改革前下降约70%。4个试点检察院改革后检委会讨论个案数量平均下降50%，其中，徐汇区人民检察院下降幅度达到65%。

而在法院方面，改革以来，4家试点法院直接由合议庭评议后裁判的案件比例达到99.9%，提交审委会讨论案件比例下降至0.1%。绝大多数案件不再层层上报审批，自然会提高办案效率，也更能保障公正性和公信力。

上海市律师协会刑事业务研究委员会主任、律师林东品说："先行试点单位推行改革后，大部分案件审批环节减少，特别是简易程序案件和轻微刑事案件审理速度显著加快。对此，我们律师体会很深。"

落实疑罪从无　决不让"我"含冤

万一，只是万一，"我"成了刑事案件的被告人，司法机关的办案是否公开透明公正，就绝对是公平正义的"最后一道防线"。

上海市高级人民法院院长崔亚东说，对于定罪证据不足的案件，严格落实疑罪从无，坚决守住防止冤假错案的底线。同时，坚决落实非法证据排除规则。2014年，上海法院共启动非法证据排除调查程序15件，其中对2件案件中的非法证据予以排除。此外，法院还认真落实证人鉴定人出庭作证制度，严格举证质证认证，充分发挥庭审功能细化刑事特别程序。

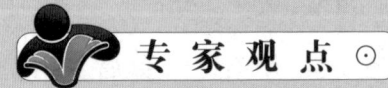

这项举措是逼着办案人员不得不提高办案质量,审慎对待每一个案件和案件当事人。从长期来看,权责对等,错案终身追责是防止冤假错案的关键制度。

——上海政法学院教授 章友德

错案追究到人、终身追责,也给检察官、法官上了一道"紧箍咒"。"刑事案件涉及人身自由、人命关天。"

"我"的角色

——上海宝山区检察院访谈记

检察长、分管领导和检察官,他们是"长",是"领导",是"官",说到底还是司法工作者;他们是改革者,也是改革的对象。在改革中,他们承担什么责任、扮演什么角色?在上海首批司法改革试点单位上海市宝山区人民检察院(宝山检察院),记者对这些"角色"进行了访谈。

检察长:"HOLD 住"全盘

很多检察机关的"一把手"告诉记者,检察长办案,本是天经地义的事,因为他首先是个检察官。但是,在司法体制改革中，检察长仅做到"领导办案"就够了吗？

"我认为，一把手要做'政治家＋法学家'。领导的主要任务是把握方向、抓队伍的监督和管理，重心不能完全放在办案上。我们更多的工作，是要考虑如何发展检察院、如何培养干部、如何协调干警个人和组织的有序发展。"宝山区检察院检察长林立说。

【领导司改】做"政治家"，就要坚持原则，以人为本。"员额制"改革是块硬骨头，谁能入额谁不能入额，涉及所有人的利益。宝山检察院在去年就已经完成了员额制改革的基本工作。"我们在实施工作之前又做了大量细致的工作，对五年内的办案总量做了统计，对今后五年和前五年的案件发展做了分析。"林立说，"这次改革一定会影响一些人的利益，我们要让'老人'安心，也要让年轻干部有上升的空间和动力。我们既要坚决推进，又要把握节奏，绝不因我们的失误而导致社会和公众对改革方向的质疑。"

司法责任制，检察长怎么看？"对于案件的具体责任，谁承办谁负责，同时结合承办人记录制度、案管流程监督和监督员审核制度，做到环环把控。"林立说，"这次改革的一个重要方面是放权，实实在在的放权，同时又不能放任，要正确处理好'放'与'管'的关系，要限制和制约权力的使用，防止权力被乱用。"

【领导办案】"领导办案"不是全部，但必须坚决落实。"司法机关的领导干部，绝大多数是业务骨干出身，"林立说，"办案不是追求数量、出风头，而是为了接地气、了解业务，以便于更好地进行管理。我们通过直接参与办案，能更好地对检察官和主任检察官的工作情况进行观察，特别是办理有重大影响、疑难复杂案件，对自身能力也是一种考验和考核。"

不少司法机关领导认为，亲力亲为之外，案件管理也是一种办案。宝山检察院实行"非业务部门检委会成员轮值制度"，其实就是检察长、副检察长值班制度。"轮到你值班，什么杂事也不要干，外面开会请别的领导代去，你就是管业务。"林立说。

"轮值期间，一般的案件不是重点。"林立表示，"我们需要审查的是有可能发生质量风险的案子。对于意见不一致的案件，要全程留痕。案件管理也不是领导说了算，要走程序。"

面对改革，一把手需要"HOLD住"全盘。"我们必须要用好这三五年的过渡期，在过渡期内解决人员定岗问题，实现办案机制的转变。过渡期暴露的问题，要在过渡期内解决。改革的节奏很快，但是切忌急躁和慌乱，要沉得住气，不掉链子，不偏路子。"林立说。

分管领导：要对细节如数家珍

"一把手"统揽全局，分管领导更加注重"技术层面"，尤其是具体分管制订、实施改革方案的领导。宝山检察院纪检组长崔海龙兼任院司改领导小组成员，实际参与了院的司改工作。他说，要对改革的每个细节、每个人的情况如数家珍。

【入额检察官：到一线去】人员分类管理，将全院人员分为入员额的检察官、检察辅助人员、司法行政人员三类。崔海龙说:"对入员额的检察官,严格按照一线办案部门重点配置,二线办案部门适度配置等的原则配置检察官。"

【辅助人员:多研修】对于检察官助理等司法辅助人员,崔海龙表示,今后有条件将逐步推广"检察官助理研修制度",提高检察官助理的业务能力,包括审查报告的制作、开庭等工作。

书记员也是司法辅助人员。记者在多地采访发现,其他地区的很多法院、检察院,对上海司法机关的"合同制书记员"制度、也就是"文职雇员制度",十分感兴趣,认为"购买社会服务"是大势所趋。

【行政人员:按岗招人】至于司法行政人员,在宝山区检察院,除了一些"老人"留任外,还需补充新鲜血液。从2015年起,宝山区检察院新招募司法行政人员,已经不再要求具备法学教育背景和通过司法考试。这一点,跟其他试点单位的做法一致。

"新招录人员根据岗位定专业,有学新闻的,有学财会的。不过,我们在招募过程中,还是侧重于辅修过法律的复合型人才。人员分类管理,不等于各干各的,行政人员还是要围绕检察业务这个中心来工作。他们进来后,我们也会让他们去办案部门轮岗,熟悉情况。"崔海龙说。

办案者:安静地做检察官

宝山检察院检察官解琳,有8年检察工作经历。她在改革前是一名助理检察员,通过考试和遴选成为入额检察官。现在,公诉部门里一共设置了10个检察官办案组,每个小组配备一名检察官，一名检察官助理或一名书记员。解琳所在的办案组，主要办理经济类案件和职务犯罪案件。

【不再单纯"跑量"】"以前案件是分摊到每个小组，每个人都要去'跑量'，办的案件也很杂。现在是各个小组有所侧重，术业有专攻。当然，也有几个小组主要办理快速简易案件，解决'量'的问题。大家的分工，根据各自的意愿和专业背景决定。"解琳认为，这样能够提升办案效率和质量，也有利于检察官的成长。

经济类案件和职务犯罪案件对专业的要求比较高，查办起来比较复杂，"嫌疑人反侦查能力也比较强"。解琳说，办理此类案件，有一定偶然性。2012年，宝山区公安机关开展经济犯罪行为的专项打击，解琳正好碰到一批公诉案件，"现在专办这类案件，跟区公安分局经侦支队、区法院刑二庭沟通起来也比较顺畅——当然，是法定职权内的业务沟通。"

【期盼"自然晋升"】解琳希望安静地做个检察官。她说，"以前，检察官晋升也要走行政序列……哪有那么多位置呢？司法体制改革方案中提出，实行有别于公务员的'法官、检察官单独职务序列管理'……这样，办案的时候才能心态平和，没有更多的想法。"

解琳的期盼，也是很多试点省市的法官、检察官的心声。《中华人民共和国法官法》等规定，法官的级别分为十二级；《中华人民共和国检察官法》等对于检察官级别的规定与之类似。近年来，由于人事制度改革、司法体制改革等因素，这一级别制度暂时"冻结"。及时"解冻"，是司改的大势所趋。

让公平正义的阳光更好照进百姓心田

——司法体制改革进程不断深入改革措施"落地生根"

随着司法体制改革进程的不断深入，改革措施的落地生根，司法体制改革的正向促进作用将逐渐凸显。从顶层设计到基层试点，从健全司法权力运行机制到合理配置司法职权，

一体建设　　　　　　　新华社发　朱慧卿　作

从立案登记制改革到防止领导干部干预司法……一系列举措让公平正义的阳光更好照进了百姓心田。

中央政策和各地探索相结合　走出符合我国国情的司法体制改革之路

2014年6月，中央开始决定在上海、广州等地对司法人员分类管理、司法责任制、司法人员职业保障、推动省以下地方法院检察院人财物统一管理四项改革开展第一批改革试点。

四项改革是司法体制改革的基础性制度性措施,对建设公正高效权威的社会主义司法制度具有至关重要作用。

"从第一批7个省市一年多试点情况看,早改早发展、早改早受益的共识已经形成,优秀人才向办案一线流动趋势明显,办案质量和效率不断提升,人民群众满意度逐步提高。"中央司改办有关负责人说。

统计显示,2014年以来中央全面深化改革领导小组会议,共审议通过了33个司法改革文件,仅2015年审议通过的就有22个,占到全年深改组审议通过的文件数量的三分之一。

在加强顶层设计的同时,改革更加鼓励各地大胆探索,走出中国特色司法体制改革之路。

扬帆前行　　　　　新华社发　徐骏　作

完善司法责任制改革是这轮司法体制改革的基石,也是改革的"牛鼻子"。

在这项改革中,上海等地向法官检察官放权的同时,通过健全类案指引、办案流程信息化管理、案件质量评估、司法业绩考核等制度机制，实现了司法业务管理从个案审批到宏观管理的转变，提高了司法工作整体水平；吉林等地细化了司法责任追究办法，既对因司法人员主观故意或重大失察造成的错案严肃追责，又把握好政策、尺度，防止挫伤司法人员办案积极性。吉林、湖北、贵州等地也配套推进内设机构改革，保障了法官检察官办案权，还让一批业务骨干回归一线办案，缓解了案多人少矛盾。

随着司法责任制的落实，新型办案团队的组建，办案质量和效率也明显提升，司法公信力稳步提升。

记者了解到，2015年，上海全市法院一审、二审后服判息诉率分别为92.3%、98.9%，全市法院涉诉信访总量同比下降11.3%；全市试点检察院诉判一致率98%，职务犯罪立案后有罪判决率100%，2014、2015年连续两年无一起错案。吉林全省检察院批捕案件、公诉周期分别缩短9%、23%。海南全省法院重复信访、越级信访案件同比下降30%，集体上访下降15.8%。湖北试点检察院涉检信访量同比下降14%。青海法检两院无一起错案，涉法涉诉信访总量同比下降17%。

"经过一年多探索实践，四项改革试点的理论准备、政策支持、经验积累已比较充分，中央已批准在全国普遍开展试点。"中央司改办有关负责人说。

改革目标明确措施得力　进一步提高了司法公信力

2015年8月，海南省乐东黎族自治县万冲村。一个农家院里，土坯墙上挂着法徽，十几个人围坐在石桌周围，一个临时简易法庭就在这里开庭。当事人陈家父子没有想到，他们信访反映的问题这么快就有了回应，最高人民法院第一巡回法庭竟然开到了这个偏僻的山村，开到了自家门口。

这一场景，是设立巡回法庭这一司法改革成果的生动呈现。

最高人民法院设立巡回法庭、探索设立跨行政区划的人民法院和人民检察院、探索建立检察机关提起公益诉讼制度、推进以审判为中心的诉讼制度改革……一系列着眼于保障审判权检察权依法独立行使、监督政府依法行政、维护法律公正实施、更好保护百姓合法权益的改革措施积极稳妥地向前推进。

专家表示，党的十八大以来的司法体制改革是目标明确、措施得力、有序推进的大变革，体现了以习近平同志为总书记的党中央推进司法体制改革、实现社会公平正义的大手笔、大气魄。

改革，就是要敢于向问题动刀，啃硬骨头、过深水区。

《领导干部干预司法活动、插手具体案件处理的记录、通报和责任追究规定》，用13个条文建立起3项制度：司法机关对领导干部干预司法活动、插手具体案件处理的

新华社评论

敢于解决影响司法公正、制约司法能力的深层问题，敢于向顽瘴痼疾开刀。司法体制改革推进以来，改革者迎难而上，站在高起点，破难题、固基础、谋长远，确保了公正廉洁司法，进一步提高了司法公信力。

记录、通报和责任追究等制度。

与此配套，中央政法委也印发了《司法机关内部人员过问案件的记录和责任追究规定》，为司法机关内部人员过问案件画定红线，明确责任追究，确保司法人员依法独立公正办案。

2016年2月1日，中央政法委再次公开通报7起领导干部干预司法活动、插手具体案件处理和司法机关内部人员过问案件的典型案件。涉案人员20人，其中，市委书记1人，律师2人，法院系统5人，检察院系统3人，公安系统9人。

在更高层次上实现公正和效率的平衡　推动改革向纵深发展

2015年8月，吉林长春的律师张永峰用了不到1个小时就在网上完成了83件股权纠纷的立案手续，节省了大量的时间和费用。

统计显示，立案登记制改革实施后，全国各级法院共登记立案数量同比增长近3成，当场登记立案率达90%，人民群众反映强烈的"立案难"问题正在逐步缓解。

随着经济下行压力加大、矛盾纠纷增多，加上立案登记制实施，法院受理案件数量大幅上升，案多人少矛盾突出。

改革以来，各地通过多元化解、繁简分流等改革办法予以破解，努力以较小的司法成本取得较好的法律效果，在更高层次上实现公正和效率的平衡。

广东、贵州等地法院用20%的司法人力资源办理80%的简易案件，用80%的司法人力资源办理20%的疑难复杂案件，提高了司法资源配置质量和效率。

民事案件小额诉讼程序、刑事案件速裁程序是诉讼"快车道"。据抽样统计，正在试点的刑事案件速裁程序，10日内审结的占94.3%，当庭裁判率达95.2%，被告上诉率仅2.1%。北京海淀等地政法机关整合内部职能、简化工作流程、推进无缝衔接，使速裁案件从侦查、起诉到审判全程提速，提高了司法效率。

"我们将总结试点经验，完善取证规则和证明标准，研究扩大范围和书面审理的可行性，让速裁程序进一步提速增效。"中央司改办有关负责人说。

2016年是司法体制改革的关键之年、攻坚之年，十八届三中、四中全会部署的司法体制改革任务，大部分要在今年完成。党的十八届五中全会也把司法公信力明显提高作为全面建成小康社会的重要目标。

"深化司法体制改革是提高司法公信力的根本途径。"中央司改办有关负责人表示，将坚持目标导向和问题导向相统一，自觉做改革的促进派和实干家，在抓落实上下功夫，确保在解决影响司法公正、制约司法能力的深层次问题上取得重要进展，为全面建成小康社会提供有力司法保障。

延伸阅读

让公平正义的阳光普照

——十八大以来司法体制改革述评

2016年1月11日,中央全面深化改革领导小组第二十次会议审议通过《关于规范公安机关警务辅助人员管理工作的意见》,这是中央深改小组通过的又一个司法体制改革文件。

党的十八大以来,以习近平同志为总书记的党中央从推进政治体制改革,实现国家治理体系和治理能力现代化的高度擘画司法体制改革宏伟蓝图,加快建设公正高效权威的社会主义司法制度,推动新一轮司法体制改革大潮涌起。

这是一场气势恢宏的改革,这是一场影响深远的改革。回望改革历程,从顶层设计到基层试点,从健全司法权力运行机制到合理配置司法职权,从提高司法透明度到加大人权司法保障力度,一系列举措让人民群众在每一个司法案件中都感受到公平正义。

一、顶层设计推动司法改革

回望来路,不忘初心,戮力前行。

司法体制改革的路线图,来自党中央的顶层设计、通盘考虑。

3年前,当中国进入改革开放第35个年头时,世界的目光聚焦新一届党中央研究什么议题、做出什么决定、采取什么措施、释放什么信号,从而判断事关中国未来5年乃至10年的施政方针和工作重点。

2013年11月12日,当十八届三中全会决定公布时,人们看到,在全面深化改革的千头万绪中,"改革司法体制和运行机制"占据了相当大的篇幅,许多新理念新思想新战略首次提出,建设法治中国成为全面深化改革的鲜明目标之一。

推动省以下地方法院、检察院人财物统一管理,探索建立与行政区划适当分离的司法管辖制度;健全司法权力运行机制,完善主审法官、合议庭办案责任制,让审判者裁判、由裁判者负责……

十八届三中全会确立的打基础、谋长远的改革举措,奠定了本轮司法体制改革的基石,对确保司法机关依法独立行使审判权和检察权、健全责权明晰的司法权力运行机制、提高司法透明度和公信力、更好保障人权具有重要意义。

车驰双轮,鹏展两翼。

2014年10月20日,党的历史上首次以全面推进依法治国为主题的中央全会——十八届四中全会召开,在三中全会基础上对保障司法公正做出了更深入的部署。

最高人民法院设立巡回法庭、探索设立跨行政区划的人民法院和人民检察院、探索建立检察机关提起公益诉讼制度、推进以审判为中心的诉讼制度改革……

许多举措令人耳目一新,全党全社会对推动司法体制改革充满期待。

习近平总书记在十八届四中全会上强调:"司法是维护社会公平正义的最后一道防线。如果司法这道防线缺乏公信力,社会公正就会受到普遍质疑,社会和谐稳定就难以保障。"

这一论断有的放矢,直指现实中存在的突出问题:司法不公、司法公信力不高,一些司法人员作风不正、办案不廉,办金钱案、关系案、人情案,"吃了原告吃被告"。而这一切的深层次原因在于司法体制不完善、司法职权配置和权力运行机制不科学、人权司法保障制度不健全。

习近平总书记多次强调,把坚持党的领导、人民当家做主、依法治国有机统一起来是我国社会主义法治建设的一条基本经验。在推进司法体制改革和法治建设中,他理直气壮、大张旗鼓讲坚持党的领导,科学回答了党的领导和依法治国的关系。

"全面推进依法治国这件大事能不能办好,最关键的是方向是不是正确、政治保证是不是坚强有力,具体讲就是要坚持党的领导,坚持中国特色社会主义制度,贯彻中国特色社会主义法治理论。"习近平总书记强调。

他两次主持召开中央政治局常委会会议,听取最高人民法院、最高人民检察院党组工作汇报;他亲自出席中央政法工作会议并发表重要讲话或在中央政法工作会议前夕,对政法工作做出重要指示;他主持中央全面深化改革领导小组会议,多次研究部署司法体制改革。

领导核心坚强有力，司法体制改革就能蹄疾步稳。

二、每一项举措都着眼于实现公平正义

如今，走进全国任何一家法院都能看到"努力让人民群众在每一个司法案件中都感受到公平正义"的标语。

这一要求，来自2013年2月23日新一届中央政治局就全面推进依法治国进行的第四次集体学习。

上任伊始，习近平总书记就在思考，要让公平正义成为司法机关的目标追求。"所有司法机关都要紧紧围绕这个目标来改进工作，重点解决影响司法公正和制约司法能力的深层次问题。"

三年来，司法改革的每一项举措、每一点进步都着眼于实现公平正义。

司法公开力度之大，前所未有。2014年1月1日起，全国3000多家各级法院的裁判文书在"中国裁判文书网"上接受公众监督；最高人民检察院推进检务公开，建立不立案、不逮捕、不起诉决定书等法律文书公开制度；公安部明确提出建立互联网执法公开平台，全面公开执法信息；司法部细化狱务公开标准、明确狱务公开流程……

2015年11月5日，中央政法委首次根据中央深改小组通过的《领导干部干预司法活动、插手具体案件处理的记录、通报和责任追究规定》，公开通报5起领导干部干预司法活动、插手具体案件处理和司法机关内部人员过问案件的典型案例。

"出台这一《规定》，就是要建立防止司法干预的'防火墙'

和'隔离带',为司法机关依法独立公正行使职权提供制度保障。"中央司改办有关负责人表示。

在员额制改革中,上海、青海等地制定科学的入额标准和程序,精心操作实施,让老同志感到安心、年轻人看到希望;广东等地把员额制分配和办案数量统筹起来考虑,在全省范围内对员额进行合理分配、动态管理,解决了忙闲不均、案多人少问题;海南、贵州等地对未入额的原法官检察官,保留原有身份和待遇不变,并对继续留在业务部门的,通过安排主持调解、办理简易案件等工作,发挥好他们的积极作用。

中央政法委出台意见,严格规范减刑、假释、保外就医程序;中办国办印发《关于依法处理涉法涉诉信访问题的意见》,建立涉法涉诉信访依法终结制度;全国人大常委会通过决定,废止劳动教养制度……

习近平总书记曾深刻分析:"近年来,随着社会矛盾增多,全国法院受理案件数量不断增加,尤其是大量案件涌入最高人民法院,导致审判接访压力增大,息诉罢访难度增加,不利于最高人民法院发挥监督指导全国法院工作职能,不利于维护社会稳定,不利于方便当事人诉讼。"

对此,最高人民法院根据十八届四中全会决定,在深圳、沈阳设立了两个巡回法庭,审理跨行政区划重大行政和民商事案件。一年来,两个巡回法庭受理案件近2000件,审限内结案率达到100%。

2月18日,《最高人民法院关于为京津冀协同发展提供司法服务和保障的意见》公布,《意见》提出进一步推进京津冀设立跨行政区划法院集中审理跨区划重大民事案件、行政案件试点工作。

"探索设立跨行政区划的人民法院和人民检察院",是习近平总书记十分关心的司法体制改革举措。在十八届四中全会上,他曾指出:"随着社会主义市场经济深入发展和行政诉讼出现,跨行政区划乃至跨境案件越来越多,涉案金额越来越大,导致法院所在地有关部门和领导越来越关注案件处理,甚至利用职权和关系插手案件处理,造成相关诉讼出现'主客场'现象,不利于平等保护外地当事人合法权益、保障法院独立审判、监督政府依法行政、维护法律公正实施。"

对此,最高人民法院、最高人民检察院在北京、上海等地探索设立跨行政区划人民法院和人民检察院,排除对审判工作和检察工作的干扰。

在采访中,许多法学专家表示,党的十八大以来的司法体制改革不是对现有体制的小修小补,而是目标明确、措施得力、有序推进的大变革,体现了以习近平同志为总书记的党中央推进司法体制改革、实现社会公平正义的大手笔、大气魄。

三、让人民群众有更多获得感

对于改革,习近平总书记十分看重实效。他曾强调,在法治下推进改革、在改革中完善法治,突出重点,对准焦距,找准穴位,击中要害,推出一批能叫得响、立得住、群众认可的硬招实招,处理好改革"最先一公里"和"最后一公里"的关系,突破"中梗阻",防止不作为,把改革方案的含金量充分展示出来,让人民群众有更多获得感。

2015年8月,吉林长春的律师张永峰用了不到1个小时就在网上完成了83件股权纠纷的立案手续。"如果这些案件在线下完成立案,至少需要一天时间。"张永峰说,网上立案,对于异地参与诉讼的律师来说最为受益,既不用来回跑路,又节省了大量的时间和费用。

2015年5月1日,全国法院全面实行立案登记制,仅仅五个月时间,全国法院就登记一审案件620万件,同比增长31.9%,其中,立案难特别突出的行政诉讼案件同比增长75.8%,刑事自诉案件同比增长60.5%。"长期以来困扰人民群众行使诉权的'立案难'问题得到根本缓解。"最高人民法院新闻发言人孙军工说。

完善司法责任制等四项基础性改革也取得佳绩。上海法院一线办案力量增加18.5%,审结案件上升11.3%,一、二审后服判息诉率分别达到92%、99%。广东深圳福田区法院审结案件上升30%,一线法官人均办案357起,涉诉信访下降20%。经过一年多探索实践,四项改革试点的理论准备、政策支持、经验积累已比较充分,中央批准在18个省区市试点基础上,在全国普遍开展试点。

长期以来,人民群众对环境污染和生态破坏强烈不满,对生态环境和资源保护不力背后的违法行政或者不作为更是深恶痛绝。但由于与公民、法人和其他社会组织没有直接利害关系,使其没有也无法提起公益诉讼,导致违法行政行为缺乏有效司法监督。

"如果对这类违法行为置之不理、任其发展,一方面不可能根本扭转一些地方和部门的行政乱象,另一方面可能使一些苗头性问题演变为刑事犯罪。"习近平总书记指出。

对此,十八届四中全会提出探索建立检察机关提起公益诉讼制度。此后,贵州省六盘水市六枝特区人民检察院对安顺市镇宁县丁旗镇人民政府违法履行职责和怠于监管的行为,提起行政公益诉讼;江苏省常州市人民检察院对许建惠、许玉仙污染环境案提起民事公益诉讼……如今,检察机关提起公益诉讼制度已经随着越来越多的案件出现而落地生根。

呼格吉勒图、念斌、陈满……三年来,这些普通人的名字被人们所熟悉,他们都有共同的遭遇——蒙冤多年终昭雪。党的十八大以来,超过30件重大冤假错案得到纠正,许多案件是按"疑案从无"的原则改判的。这一司法观念的重大转变来自十八届四中全会对"推进以审判为中心的诉讼制度改革"的部署,来自习近平总书记对"有效防范冤假错案产生"的多次强调。

2014年5月30日,重庆市江津区一位涉诉上访农民,在当地基层法院视频室里,通过远程视频接访系统与最高人民法院法官进行了直接对话。这次对话跨越万水千山,也标志着全国3300多家高、中、基层人民法院实现了与最高人民法院视频接访系统的互联互通,使上访人免受奔波之苦。

三年来,和人民群众关系密切的公安改革也有序推进。大到推进人民警察管理制度、户籍制度改革,小到建立居民身份证异地受理挂失申报和丢失招领制度、出入境改革,公安改革坚持问题导向，目的是提高公安工作整体效能，进一步增强人民群众安全感和满意度，让人民群众充分享受到公安改革的红利。

"促进社会公平正义是政法工作的核心价值追求。政法战线要肩扛公正天平、手持正义之剑，以实际行动维护社会公平正义，让人民群众切实感受到公平正义就在身边。"习近平总书记在2014年中央政法工作会议上的讲话振聋发聩。

唯改革者进，唯创新者强，唯改革创新者胜！

2016年是司法体制改革的关键之年、攻坚之年，十八届三中、四中全会部署的司法体制改革任务，大部分要在今年完成。

一份清晰的任务单摆在面前：在全国推开以司法责任制为核心的四项改革试点；进一步完善诉讼制度，推进繁简分流，努力构建普通程序、简易程序、速裁程序等相配套的多层次诉讼制度体系；深化司法行政管理体制改革，深化律师和监狱制度改革，健全统一的司法鉴定管理体制；深化公安改革，聚焦能力建设，创新体制机制，提高公安工作整体效能。

司法体制改革的任务仍然艰巨，但实践已经证明：只要按照党中央和习近平总书记的部署指示，严细深实地推进司法体制改革，就能在难得的历史机遇中，开启中国司法新的辉煌，让公平正义的阳光普照。

后 记

本书是在新华社播发的系列稿件和评论的基础上编辑而成，可以作为广大干部群众了解改革热点问题的参考读物，也可以作为广大公务员考生提升申论能力的学习资料。为方便阅读，在尊重事实的前提下，我们对部分稿件的标题和正文作了必要的修改。

在本书付梓之际，特向以下作者致谢：安蓓、白靖利、陈二厚、陈菲、陈刚、陈灏、陈乐、陈尚营、陈炜伟、董建国、董小红、高皓亮、关桂峰、韩洁、何欣荣、何雨欣、胡浩、华晔迪、黄安琪、姜琳、金正、李斌、李劲、李劲峰、李亚红、林晖、凌军辉、刘娟、刘开雄、刘羊旸、刘铮、毛海峰、欧甸丘、潘晔、浦超、荣启涵、申铖、史林静、王比学、王建、王立彬、王民、王思北、王优玲、王宇、吴雨、吴振东、席敏、萧海川、徐博、徐海涛、徐隽、许晟、闫祥岭、杨金志、杨维汉、杨毅沉、于佳欣、于文静、余晓洁、郁琼源、袁军宝、袁汝婷、翟永冠、赵超、赵晓辉、周畅、周琳（排名不分先后）。

因编者水平有限，书中不当之处，敬请读者朋友指正。